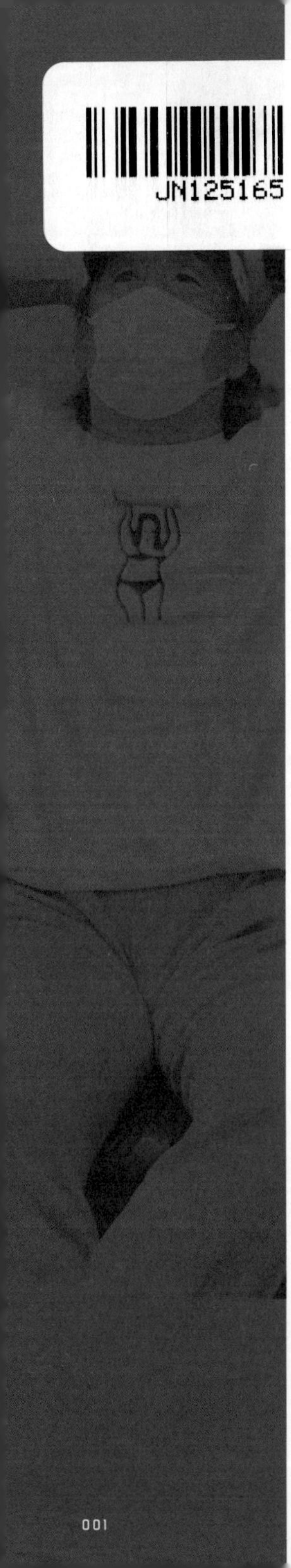

AMINOGE Nº119

Cover PHOTO
KUNIYOSHI TAIKOU

闘魂

闘魂

PETIT KASHIMA

俺の人生にも、一度くらい幸せなコラムがあってもいい。

VOL.118

KAMINOGE COLUMN

スポーツ紙だからできること。

プチ鹿島

プチ鹿島（ぷち・かしま）1970年5月23日生まれ。芸人。TBSラジオ『東京ポッド許可局』（土曜日26:00-27:00）出演中。

『コレクティブ 国家の嘘』というドキュメンタリー映画を観た。２０１５年10月、ルーマニア・ブカレストのクラブ「コレクティブ」で火災が起きて死者多数の惨事となった。この事件を不審に思い、調査して追及していくのがスポーツ紙の記者（編集長）だ。その結果、製薬会社や病院、政府や権力へとすさまじい癒着が明らかとなる。なぜスポーツ紙が追及できたのか？　調べてみるとこの記者は調査報道に熱心だったという。

《それまでは調査報道の対象がスポーツ界で、スポーツ大臣２人を辞職に追い込んだり。あとは怪しい移籍をしたサッカー界のボスたちを告発したりする調査報道をしていた。そういうことがあったからこそ告発者も彼らのもとに行ったんだと思う。》（アレクサンダー・ナナウ監督『東洋経済オンライン』）。

監督の言葉を読んで、私は東京五輪をめぐる日本のメディアのねじれ現象を思い出した。あれだけツッコミどころが多かった東京五輪。本来なら新聞にとって格好のネタ対象だったはず。しかし大手紙は東京五輪のスポンサーになってしまった。〝中の人〟になっておいしい「画」や「ネタ」を発信したいという欲望を選んでしまったのだ。大手紙がそんな中、本来はゲリラ的立場であるはずのタブロイド紙や週刊誌が主役になっていた。『週刊文春』の五輪スクープ連発は記憶に新しい。スポンサーじゃないから自由なのである。ゲリラが王道を制すという逆転現象を生んだ。

私はスポーツ紙は「なくてもよいかもしれないが、なくては困るもの」と思っている。世の中に必要な情報しか存在しなくなったらつまらない。スポーツ紙を楽しむには余裕も必要。自分のコンディションも図れる媒体なのである。

そして、無駄だと思える情報にこそ大事なことが含まれていることもしばしば。たとえば昨年の自民党総裁選で菅義偉氏への「スポーツ7紙合同インタビュー」という企画があった。どこのパンケーキが好きか？とかどうでもいい質問が出ていた中で、

ある質問に目がとまった。

「UFOの存在を信じますか？　排他的経済水域を侵されたら自衛隊を出動させます？」

　どうでもいい質問ならここまで振り切ってほしい。私はそう思いなおした。

　合同インタビューなので質問をした新聞社名は記載されていなかった。でも確信した。夕方、買ってきたその新聞をひろげると『菅氏にUFO見解直撃』（2020年9月5日付）という見出しがあった。やはり東スポだった！

「UFOの存在を信じているのか」という東スポの質問に菅氏は「私は信じていないですね。（UFOは）存在しないと思っていますけどね。目撃したこともないですよ」と笑いながら話したという。

　しかしUFOが排他的経済水域を侵犯した場合に「自衛隊を出動させる考えがあるか」とさらに問う。東スポは「さら問い」をしていたのだ。菅氏は「まあ、いずれしろ（自衛隊に）警戒させますよ（笑い）」と返答。

　UFOの質問なんてくだらないと思う方もいるだろうが、普段のニュースからは見えない人物像が見えたりする。東スポは同じ質問を岸田文雄氏と石破茂氏にもぶつけていた。岸田氏は見たことがないと言いつつ「それくらいのロマンがないと」と語っていた。一方の石破氏は「常に考えておかなければならない」とし、「シン・ゴジラが（大田区）蒲田に来襲した時、映画だと防衛出動だった。あのシン・ゴジラを後ろから攻撃し、主権国家による武力攻撃という話なんだけれども、ゴジラはそういうもんじゃないんでね。そうするとこれは（以下省略）」。長い、話が長い！

　3人を比較してみると各々のキャラが出ている。UFOの存在をあっさり否定してちょっと呆れた感じの菅氏には合理主義者的でクールな面が、ロマン派の岸田氏は人のよさは感じるけどふわっとした様子が見え、石破氏には一言「クソ真面目」という言葉が思い浮かぶ。東スポはどうでもよさそうな質問をして3人の本質らしきものを引き出したのだ。スポーツ紙の役割をきちんと果たしたと言える。そして今年の総裁選でも高市早苗氏に「UFO」の質問をしていた。高市氏は困惑しながらも次第に国防論を語っていた。東スポは高市らしさを引き出していた。こうなるともうリック・フレアーの足4の字固めを待つ観客の気分である。

　菅氏が事実上の退陣表明をしたあとはこんな記事も出していた。

『青森上空に謎の飛行球体出現！直後に菅首相が総裁選不出馬の「怪」』（東スポWeb9月7日）

　青森県八戸市の上空で白い球体が見つかり騒動となっているという。UFO研究家によれば「目撃された9月3日は、UFO出現後に菅義偉首相が総裁選への不出馬を表明されています。日本の行く末を心配した宇宙人が菅首相の故郷である東北から、ご苦労さんのエールを送っていたのかもしれません」。

　1年前、UFO質問にクールだった菅氏だが東スポは最後までこだわってネタにした。この際本当にUFOだったかどうかはどうでもいい。「国家の嘘」より「東スポの嘘」のほうが断然よいではないか。

“日本一仲のいい漫才師”

おぼん・こぼん

KAMINOGE O-BOMB CO-BOMB

収録日：2021年10月8日
撮影：タイコウクニヨシ
構成：井上崇宏
収録・撮影場所：浅草フランス座演芸場東洋館・浅草ビューホテル
SPECIAL THANKS：藤井健太郎 From TBS

**ずっとおまえとやりたい。
芸歴56年のベテラン漫才コンビが（意図せず）
ブレイクスルーを起こした!**

「俺らはやってる目的が同じやと思うんです。
漫才をやっているときがいちばん楽しいし、漫才で
ウケたときがいちばんうれしいですから」（おぼん）
「ボクらは手の内が漫才しかない。
ほかにやることがないっていうのか、
漫才以外にやりたいことっていうのが、
まあ、ないんでしょうな」（こぼん）

10月6日オンエアの『水曜日のダウンタウン』(TBS)で、長年深刻な不仲状態が続くベテラン漫才コンビ「おぼん・こぼん」の仲直りプロジェクトがついに決着した。

和解するには格好の舞台に思われた、こぼんの娘の結婚式に揃って出席したふたり。だが、互いに悪態をつき、幾度となく口論を繰り返す展開に、視聴者は手に汗を握って見守ることとなる。果たしてその結末は「いい漫才がやりたい」との思いが一致し、恩讐を越えて劇的和解。日本中が拍手を送った〝神回〟となったのだった。

本インタビューはオンエア2日後となる10月8日に、和解の舞台となった浅草ビューホテルにて収録。ふたりの間には本当にわだかまりは残っていないのか、収録中にまた何かのきっかけでいさかいが起きてしまうのではないかと心配されたが、もともと彼らは世にも珍しい熟年仲良し芸人であったことを、まざまざと思い知らされてしまったのであった。

「コロナでぐちゃぐちゃになっている世の中だから、俺らは最高のタイミングで仲直りをしたのかもね」(おぼん)

——浅草ビューホテルさんのほうから素敵なお花が届けられていてびっくりしました。もう完全に超VIP扱いで(笑)。

こぼん　まさに娘の結婚式もここでやったんですからね。

おぼん　おととい(10月6日)『水曜日のダウンタウン』のオンエアがあってから、もう俺らが仲直りしたことに対する反響が凄いんですよ。こんなに反響があるのは(1980年に)『お笑いスター誕生!!』で優勝したとき以来じゃないかな。あのとき俺らは31だから41年ぶりだよ(笑)。

こぼん　とんねるずがもう40周年だからね。彼らもあの番組でデビューしたんだから。

おぼん　ホントにもの凄い反響で、「番組を観て、疎遠になっていた家族に電話をした」とか「会社でうまくいっていなかった人たちと仲直りのきっかけを作ってくれた」っていうような声が圧倒的に多いのよ。LINEもツイッターもインスタも全部凄いことになっていて、コロナでぐちゃぐちゃになっている世の中だから最高のタイミングだったのかもね。

こぼん　まあ、それもあるのかもね。

おぼん　でも、べつに俺たちも作り事をやったわけじゃなくて、真剣に腹を立てていて「もう解散しよう!」って状態だったんで。

——凄いドキュメンタリーを観させていただいたなと思っていまして、ポジティブな感想としては「いろんなことが起こるのは、やり続けているから、生き続けているからこそだよな」って思いました(笑)。

おぼん　ワハハハハ、なるほどな（笑）。

――おふたりにとって、今回で何度目のブーム経験になるんですか？

こぼん　これはブームなのか、なんなのか（笑）。まあ、デビューして15年後に『お笑いスター誕生!!』優勝、そして漫才ブームとあったから3回目かな。最初は素人番組で優勝してプロデビューですから、力もないのにいきなりのスタートでね、そこを詰めるのに3、4年かかって。

――本当の実力を身につけるのに、ってことですか？

こぼん　そう。だからキャバレーを回ったりいろんなことをしてね。それで赤坂のコルドンブルーっていうところで10年やっていたときに『お笑いスター誕生!!』に出たんですよ。

おぼん　コルドンブルーは1カ月単位の契約だから、スタ誕を獲ってからもしばらくはやってたんだよね。そうこうしている間に忙しくなってきたので辞めたら、とんねるずが入ってきたんよ。

こぼん　あそこにはアゴキン（アゴ&キンゾー）とか榎本晴夫・志賀晶の「えのしがコンビ」も出ていてね。ボクらは若いときからこの商売をやっていたんで、踊りも習っていたし、ダンサーが着替えのときにコントを2本そこらやってね。ほかの人たちはオープニングとかに出てきておじぎをする程度だけど、ボクらはコントもやって、4、5曲踊らされてましたから。

おぼん　ジャズを歌ったりな。

こぼん　1時間のショーのうち、30分くらいがボクらですよ（笑）。あそこは分単位のショーだから、20何回のうちボクらは10何回も出てて。それが1日3回。

おぼん　オープニングが始まったら次のショーのリハーサルで、もう大変でしたよ。

――芸人としてのフィジカルが強くならないわけがないという環境ですかね。

こぼん　それと太ることもできない。いくら暴飲暴食しようがずっと痩せていて、ボクは48キロしかなかったから（笑）。

おぼん　とんでもない汗をかくんですよ。

こぼん　太るヒマがないっていう（笑）。

――コルドンブルーはフランス料理のコースを食べながらショーを観るという、高級レストランシアターだったんですよね。

こぼん　もう高級ですよ。お客さんも一流の人が多かったし。

おぼん　あの当時で座ったらひとり5万円っていうね。

――ジョン・レノンとかモハメド・アリも来店したことがあるっていう。

おぼん　そうそう。ホントにお客さんが凄かった。前のほうにいたお客さんたちが一斉にパッとどくから「あれ？」と思っ

おぼん・こぼん
ビックボーイズ

たら、ヤクザの親分さんが現れたりだとか。
こぼん　それでこっち側にはまた別の組の人がいたりして。また、そういうときにかぎってボクらがヤクザのコントをやってるんですよ（笑）。

「昔は弟子入りをしなければ漫才ができなかったですからね。お笑いの学校があるわけじゃないし」（こぼん）

――えっ、ネタを変えなかったんですか？（笑）。
こぼん　1カ月はやることが決まってるから変えられないんですよ。当時は帝国ホテルのインペリ、プリンスホテルのクリスタルルーム、それとコルドンブルーとあって、ボクらがそういうところに入るとしたらオーディションを受けるわけだけど、最初に受けたのがコルドンブルーだったんです。我々の先輩の桂高丸・菊丸さんが出ていらっしゃって、あとは『ゲバゲバ90分』の劇場版みたいなことをやっていて、カルーセル麻紀さんや小野ヤスシさんも出ていらっしゃってて。
おぼん　日本テレビの局長さんだった井原（高忠）さんがコルドンブルーのショーの構成をしていらっしゃったから。スタッフさんも日テレの人だからテレビ的に作っていましたよ。
こぼん　照明はＭＧＳ（照明設計事務所）の藤本晴美さんっていう女性の方なんですけど、「ペコちゃん先生」って呼ばれていて、外国から日本に初めてストロボを持ってきた人なんですよ。コルドンブルーや赤坂のＭＵＧＥＮというライブハウスとかの照明もやっていらっしゃって。
おぼん　だからショービジネスとしては最高峰ですよ。そういうところに俺らは10年間いたから。
――そういう最高の環境で腕を磨かれていたんですね。
こぼん　よく「スタッフは一流、ダンサーも一流、お客さんも一流、やってる芸人は三流です！」っていうことを言いながらね（笑）。
おぼん　最初のうちはコントもゲバゲバの作家さんとかがいてやっていたんですね。日本で有名な作家の先生たちのホン（台本）でやってたんだけど、後半になったらホンを書く人がいなくなったので、俺らふたりで死ぬ思いをしてネタを考えていましたね。そういうのがあってスタ誕に出たから何も怖くなかったんですよ。ネタは最低でも10本必要なんだけど、「あっ、10本でいいの？」って感じですよ。
――10週勝ち抜くには鉄板ネタが10本必要ですからね。そこで「そんなもんでいいの？」と（笑）。
おぼん　だってコントは自分らで何十本って作ってたから。
こぼん　月に4本のネタをやって、それが年12回だから。もちろん、おもしろい名作なんかはローテーションで何回かやったりもしましたけど。

おぼん　コルドンブルーではそういうネタの勉強もしましたね。おもしろかったなあ。やれるならもういっぺんやりたいな。

――下積み時代の経験をもう1回やりたいですか？

おぼん　やりたいですよ。楽しいですもん。しんどいことはしんどいけど、歌って、踊って、コントして笑わせるっていうショービジネスが大好きだから。

――そもそも、おふたりは高校生の頃からお笑いをやられていて、こぼん師匠のほうがおぼん師匠をお誘いになったと思うんですけど、当時はどういったビジョンを描かれていたんですか？どこにも所属しないまま大阪から東京に出て行くっていうのは、時代的にかなり突飛なことのように思えるんですけど。

こぼん　たしかに昔は弟子入りをしなければ漫才ができなかったですからね。お笑いの学校があるわけじゃないし。それで大阪はローカルっていうイメージがあって、みんな大阪で売れて東京に出て行ってっていうのがあるんだけど、「同じイチからやるなら東京でもいいや」って思ったんですよね。ちょうど東京でも素人番組をやっていて、そこからのお誘いもあったので。

おぼん　あと「堀越学園に芸能コースを作るから来てくれないか？」って誘われたのよ。池袋に芸能学校を作って、歌、タップダンス、寄席、落語とか、それが芸能コースなんですけど、そこにスカウトされて堀越企画っていう会社に漫才で入ったんですよ。第1号タレントとして。

こぼん　まあ、すぐに潰れましたけどね（笑）。

おぼん　11カ月。1年ももたなかった。

こぼん　あきれたぼういずさんとか、あした順子・ひろしさんとか、山ほどいろんな芸人さんを集めたりしていたんだけど、そんなに儲からなかったんじゃないですかね。学校を作っても生徒が来ないし。

おぼん　ブラック福田さんが講師をやって生徒が3人とか、そんなものですからね。それなのに池袋のビルを借りてやってるんですよ。

――東京の事務所からスカウトされるということは、その頃からすでに目立った存在だったんですね。

こぼん　フジテレビの『トクホンしろうと寄席』っていう番組があって、東京吉本の社長の横澤（彪）さんが番組ADをやっていたんですよ。晴乃チック・タックさんが司会でね、片岡鶴太郎だとか春風亭小朝さんも出ていたんだけど。

おぼん　小朝はまだ小学生くらいだからね。

こぼん　その番組に出ていたり、その前はうめだ花月の舞台でやる『素人名人会』っていう西条凡児さんが司会をやっていらっしゃる、歌とかなんでもありの素人の寄席中継みたいなのにも出ていて。

「俺らふたりでネタをやったら、そりゃウケますよ。『こんなに儲かるのか！』ってトントン拍子よ」（おぼん）

――いわゆる素人番組で頭角を現していたと。でも自分たちだけで腕を磨いて東京に出ていくっていうのはだいぶ珍しかったわけですよね。

おぼん　そうそう。走りよ。

こぼん　「東京は全国区で、関西はローカル。大阪で売れても、東京に進出しなければ一流にはなれないよ」っていうのがあったし。

おぼん　幼稚園の頃から近所のおばはんに「大きくなったら漫才になりいや。あんた、おもろいで」って言われてたんで。俺はホンマにおもろかったですよ、たぶん（笑）。

――その才能をこぼん師匠が見初めたわけですよね。

こぼん　ボクは演劇部でお芝居をやっていたんですよ。それで修学旅行で演芸大会があって、当時の音楽でグループサウンズが流行っていたから、それをクラス対抗でやって。そのときに先生から「審査の合間に時間があるから漫才をやってくれ」って言われて、（おぼんを）誘ってやったらウケるじゃないですか。それが最初だったんじゃないかな。

おぼん　俺らふたりでネタをやったら、そりゃウケますよ。それに味をしめて「いいね！」って。

こぼん　それから素人番組に出たりして、さっき言った『トクホンしろうと寄席』に出たときにスカウトされて、東京に出ていくっていう。

おぼん　1回番組に出たら凄いんですよ。もうあっちこっちの素人番組から「ウチにも出てもらえませんか？」ってオファーが来るんだよね。『素人名人会』のときなんて、いきなり鐘が鳴って当時で1万円をくれてね、副賞もいっぱいもらって「こんなに儲かるのか！」って（笑）。

こぼん　当時だと淡路島から出てきた海原千里・万里ちゃんがお父さんと3人でトリオをやっていたんですよ（※千里は上沼恵美子）。アコーディオンをやったり、お姉ちゃんが三味線を弾いて、畠山みどりの『出世街道』を万里ちゃんが歌うっていう。まだ小学校2年生くらいでしたよ。

おぼん　そのオーディションで一緒にいたんだよね。

こぼん　だからお笑いが好きな人はそういう番組から世に出るっていうね。

――じゃあ、コルドンブルーでの修行時代前から、わりと驀進してきた感じなんですね。

おぼん　そうそう。最初からトントン拍子よ。

こぼん　ボクらをスカウトした会社が潰れたので、コルドンブルーに行く前はキャバレー回りをしていたっていう。

おぼん　1年365日のうち、350日くらいはキャバレーを回ってましたからね。忙しかったですもん。
こぼん　松竹演芸場に10日間出て1万円の時代に、キャバレーだと1本1万円になるんですよ。
おぼん　ホント凄かったですよ。日本全国にキャバレーのチェーン店があってね、月世界チェーンとか、ホノルルチェーンだとか。そういうところを10日おきに回っていくんです。
こぼん　だから1、2週間は東京に帰ってこないんですよ。で、帰ってきたらまたすぐどっかに行って。
おぼん　楽しいよ。売れない演歌歌手と、売れないお笑い芸人、あとはヌードダンサーがいて。
こぼん　だいたい30分くらいのショーで、まずヌードダンサーが1回目は10分くらい普通に踊って、2回目に上だけ見せて、それが終わったらボクらがウケない漫才をやって（笑）。それで演歌歌手が歌って「ありがとうございました！」っていうパッケージなんですよ。ビッグネームの方は1組で30分とかやってね。
おぼん　あの当時のビッグネームといったらみんな凄いもん。
こぼん　北島三郎さん八代亜紀さんなんかも出ていましたよ。
――本当のビッグネーム！　いまで言うキャバレーとはちょっとステータスが違ったんですかね？
こぼん　800とか1000人くらい入るマンモスキャバレーなんですよ。そこにたくさんのホステスさんがいて、真ん中に闘牛場みたいに舞台があってね。
――そんなにデカいんですか。大きめのライブハウスのようなもんですね。
こぼん　そういう一流キャバレーもあれば、場末のそれこそバンドが3人くらいしかいないようなところもあるし。かと思えば新宿のピンクキャバレーみたいなところもショーを入れるんですよ。
おぼん　もうどこにでもあるんだから。八王子だろうがどこだろうが、駅という駅にキャバレーがあるんですよ。
こぼん　そこに呼ばれてやるんだけど、まあウケない（笑）。

「財テクとかそんなのは考えたこともないし、株をやってお金を儲けようかって思ったこともない」（こぼん）

――キャバレーでお笑いって完全にアウェーですよね。誰も静かに耳を傾けようとは思わないですよね（笑）。
おぼん　もともとキャバレーっていうのはさ、昭和33年3月31日に赤線が廃止になったでしょ。だけど女のコはいっぱいいるわけで、そのコたちがご飯を食べなきゃいけないから、じゃあ飲み屋に勤めさせようっていうことになるわけです。それで飲み屋専門のキャバレーを作ったのが始まりらしくて、日本全国にバーッと広まったんですよ。それで、ただそこで

酒を飲むだけじゃってことで、バンドを入れてショーでもやろうかって俺らが呼んでもらっていたわけです。
こぼん　でもね、場末のキャバレーに行ったらホステスさんと楽屋が一緒なんですよ。それでチョロチョロしてる子どもに「お母さんは仕事に行ってくるからね」って、そんな光景を目の当たりにするわけだから凄いですよ（笑）。永田キングさんとか東京コミックショウさんとかはキャバレーの王様でしたからね。
おぼん　あとはケーシー高峰さん。ケーシーさんはキャバレーでも爆笑だったんだよ。それと牧伸二先生もキャバレーを回ってたかな。いいお金になりますからね。
こぼん　名前のある人だったらビッグショーで1本30万くらいもらうと、10本で300万になっちゃうからね。トリオでコントをやっても100万ちょっともらえますよ。
おぼん　キャバレーを回ってるだけで十分な生活ができましたからね。俺らの時代は、キャバレーを回る漫才と、歌謡ショーについて行って司会をしたり、始まる前にお笑いをしたりするのとに分かれていたんですよ。
こぼん　ボクらは両方やりましたけどね。
おぼん　和田アキ子とかいろんな人の司会をやりましたよ。だからこうして下積み時代から56年間やっていても、カネに不自由したことがないですからね。ありがたいですよ。
――世に出る前からお金には困ってはいなかったと。
こぼん　とにかく仕事は山ほど回ってきてましたからね。いまのコらはそういう仕事がないからかわいそうですよね。
おぼん　お笑い芸人の数も違いますもん。いまは若いヤツらがいっぱいいるじゃないですか。俺らの頃は漫才でもホントに数えられるくらいしかいなかったから需要はあったよぉ。
――師匠たちは80年代前半の漫才ブームの渦中にもいらっしゃったわけですけど、逆にこれまでのキャリアで落ち込んだときっていうのはいつ頃になるんでしょうか？
おぼん　へ？　いやいや、落ち込んだときはないよ。なんだかんだでずっと仕事はあったから。
――落ち込んだときはないと言い切れるのは凄いですね。
おぼん　だから俺らは漫才以外の仕事ってしたことがないもん。昔の漫才師と言えばスナックの経営とかをやったりもしてたけど、俺はな〜んにもやってない。娘の旦那からもよく言われるんだけど、「お義父さんって凄いですよね。自分の腕だけで家を建てて、ローンも全部払ったんですもんね」って。言われてみたらそうだなって。
――基本は手ぶらの仕事ですもんね。
おぼん　お金がかかるのは衣装だけじゃん。まあ、芸事のレッスンに行くときもお金を使いましたけど、それ以外のことは何もしてないですもん、おぼん・こぼんは。
こぼん　財テクとかそんなのは考えたこともないし、株をやってお金を儲けようかって思ったこともないし。たぶん軍資金がないからかもわからんし、そんな才能もないやろしね。

おぼん　そんなの嫌いだもん。俺は漫才だけでメシを食いたいの。キャバレー回り、コルドンブルー、スタ誕とあって、バブルのときなんて本当にバブルだもん。

――本当にバブル（笑）。

おぼん　お付き合いのある社長さんに「ウチの会社のコンペがあるから司会をしてくれよ」って言われて行ったら「ほら、はい！」って100万円くれるわけ。いちばんおもしろかったのが「この日にウチのコンペがあるから」って言われて、「いや、その日は仙台に行ってますから無理ですよ。飛行機かヘリコプターを飛ばすかしないと間に合いませんよ」って冗談で言ったら、「じゃあ、飛ばせばいいじゃん」ってヘリコプターを飛ばしてもらって。

――ゴルフコンペの司会がヘリで登場って、本当にバブルですね！（笑）。

こぼん　とりあえず仙台から大宮まで新幹線で戻ってきてね。

おぼん　それで大宮から八王子のゴルフ場までヘリコプターで飛んで。それでおかしいのがさ、そのゴルフ場にはヘリポートがないから降りるところがないのよ。「じゃあ、無理じゃないですか」って言ったら、操縦士が「本音と建前があって、べつに着陸しなければいいじゃないですか」って言うのよ。

――トンチですね。

おぼん　それで地上50センチくらいでホバリングしてるときに「はい、いまですよ！」って。

――ホントですか!?（笑）。

おぼん　ホバリングしてるだけなんで着陸はしてないんですよ。それでピュッと飛び降りて、「はい、どーもー！」ってヘリコプターがビューンと去っていくっていうね（笑）。もう最高でしたよ。そういうのが本当のバブル。だからお金が入ったらすぐに使ってましたよ。100万もらってもみんなで飲みに行ったりして2、3日でなくなっちゃうから。カネって水と同じで高いところから下ってくるわけだから、もらったらバーッと使うじゃん。いまの若いヤツはもらったらもらったでカネを使わないからさ。IT企業のヤツとかなんかはさ。

――アイツらは自分のところで堰き止めやがりますからね（笑）。

おぼん　ホントお金はよく使いましたよ。

「『キングオブコント』に俺らが出たら簡単に1000万を獲れると思ったら、見事に3回戦で落ちたよ」（おぼん）

――どうせ明日にはまたカネが入ってくるっていう頭もありますよね。

おぼん　ちょこっと漫才をやったらね。

——カッコいい！　人生、ずっといいっていいですね（笑）。そして今回もご本人たちの意図していないところで注目されたりして。ちょっとズルくないですか（笑）。

おぼん　これはまあ、持って生まれた星っていうかねぇ（笑）。ホントにそう思う。だって俺らはホントに仲が悪かったんだもんね。それをナイツとかが面白半分で言うわけで、さらにそこにテレビ局がパッと食いついてきてさ。

こぼん　みんな、不仲をいじって遊んでたんだよね（笑）。

——でも後輩からいじられるのって、そんなに悪い気はしないのかなって思うんですけど。

おぼん　そう！　俺は大好きだよ！

——いじられるのは、こっちも現役だからってことですもんね。

おぼん　そうそう。だから楽屋でも若いヤツらからいじられるようにしてるもんね。

——いじられるようにしてる（笑）。大御所っていうことで怖がられるのも嫌ですよね。

こぼん　ぶっちゃけ、ボクらはそんな大御所でもないしね。

——いやいや、大御所ですよ！　そんな大御所にもかかわらず２０１０年には『キングオブコント』にもエントリーされて。

こぼん　あれはシャレです（笑）。

——完全にシャレですか？

こぼん　うん。

おぼん　いやいや、シャレじゃなくて１０００万ですよ。「たぶん俺らが出たら簡単に１０００万を獲れると思うから、どうやねん？」って言ったら、「うん、出よう」ってなって。それで東京衣装にコントの衣装を全部お願いしてね、もう「１０００万を獲ったら、みんなで海外旅行に行ってどんちゃん騒ぎしような！」って若いヤツらにも言ってたんですよ。見事に３回戦で落ちたよ（笑）。

——優勝する気満々だったわけですね。

おぼん　当たり前よ！　そりゃ、そうでしょ。１０００万だよ。

——シャレで１０００万を獲る気だったってことですね。

こぼん　シャレで１０００万。もう最高じゃないですか。

おぼん　いや、そんな真剣でもなかったけどね（笑）。まあ、昔のコントを引っ張り出してきてやってね。

こぼん　スタ誕で優勝したやつのネタとか、ああいうのを全部。

おぼん　でも時代が違うのかな。コントの間が違うのか。

こぼん　いやいや、俺がつくづく思ったのはやっぱ作戦失敗よ。あれはどんなにおもしろくても客にウケないとダメなの。現に俺らはスタ誕で優勝したネタをやってるのに客は笑わないわけよ。それであとから聞いたんだけど、みんな友達を客席に呼んでるわけよ。俺らはそんなの知らないじゃん。

——贔屓の芸人以外のネタでは、あえて笑わないっていうことですか？

こぼん　だから友達を呼んでおけばよかったよ（笑）。

――師匠と同じ年齢くらいの人たちがいたら、すぐバレそうですけどね（笑）。

こぼん　客層がやたら老けてるなって（笑）。

おぼん　ええやん、それだって！（笑）。ウケればええんやもん。あのとき言われたもんね、「客にウケなかったから落ちたんです」って。なんや、そんな作戦やったんかと思ってね。だってね、スタ誕でやった俺らがいちばん好きなドラキュラのネタをやったんだよ？　彼（こぼん）がドラキュラになって「私の名前はドラキュラ伯爵」っておもしろいことをバーッと言うんだけど、何を言ってもシーンやん。俺は横で聞いてて「あっ、これはアカン……」と思ったよ（笑）。でも普通なら、あれをやったらどこでもドッカーンってウケるわけよ。おまえはやっててどうやった？　自分でも笑ったやろ？

こぼん　どうだろうなあ。まあ、シャレでやったことですから（笑）。

おぼん　もう二回目はないよ、ホントに。

「もしもどっちかが漫才以外のたとえば役者志望とかだったとしたら、いま頃は違う道に行っていただろうしね」（こぼん）

――お笑い以外で、プライベートでも人生のピンチっていうのはなかったですか？

おぼん　まだ言うか！　な〜んもない！（笑）。

――ホントですか？　そんな人っているんですか？（笑）。

おぼん　だって何がある？　ピンチって言ったら嫌な話だけど「お金」じゃん。どんなに愛しても何してもカネがなければ女も逃げていくし、ギクシャクするじゃん。俺らはカネには不自由しなかったからそれもなかったし。申し訳ないけどね（笑）。

――申し訳なくはないです（笑）。

おぼん　ただただ毎日が楽しい！「ちょっとカネがほしいな」と思ったら、ヒュッと入ってくるしさ。

こぼん　でもほら、ボクは大きな病気を3回くらいやってるから気をつけなきゃいかんなっていうのはあるけど。

おぼん　まあ、病気のことは言わんでおこう！　この歳になったらそういうのはどっか出てくるって。俺は具合が悪くても何しても、「これ、気のせいやろな。絶対に気のせいやろ」って、全部を気のせいで終わらせちゃうから。

――幸せに生きる天才ですね（笑）。

おぼん　去年の12月だったかな、野球をやってたらボーンと人間がぶつかってきて、「痛ってえ」と思ったら肋骨が折れてたのよ。それで「これ、なんかすんの？」って病院の先生に聞いたら、「いや、肋骨は何もできないので、回復するのをじっと待つしかないんですよ」って言われて。咳をするのも何するのも痛いんやけど、「これ、気のせいやろ」って思ってたらピュッと治ってた。あと俺は救急車で3、4回運ばれたこともあるけど、そのときも「気のせいやな」って思ってたもん。そうしたら救急車の中で発作が治るじゃん。だから病院に着いたら「はい、帰ります！　気のせいでした！」って（笑）。

——いいですね、気のせいって（笑）。今回のオンエアで何回もおっしゃってましたけど、「いい漫才がやりたい」っていう思いというのは、歳を重ねるごとに目減りしていったりしないものなんですか？

おぼん　あのね。たぶん、おぼん・こぼんっていうのはやってる目的は同じやと思うんですよ。だからここまでもってるんです。ショービジネスが好きで、歌うのも好き、踊るのも好き、タップも好き、楽器も好き。ふたりがそういう同じ目的、同じ状態にあると。この男がどういうふうに考えてるかわからないけど、結局求めてるものは一緒なんやろうから、いまもこうしてくっついてるんだろうなと思うんですけどね。最近のここ7、8年は漫才らしい漫才をやってこなかったですけど、やっぱり夢路いとし・喜味こいしのようなしゃべりで「キミねえ」っていうようなね、そういう漫才を今後俺はやりたいですね。

こぼん　まあ、そうやろうね。もしもどっちかが漫才以外のたとえば役者志望とかだったとしたら、いま頃は違う道に行っていただろうしね。ボクらは手の内がそれ（漫才）しかないじゃないですか。

おぼん　漫才でウケたときがいちばんうれしいですから。歯車がガッシリと合って、ドッカンドッカンとウケて、「ありがとうございました！」って頭を下げたときに客がまだウワーっていう。余韻っていうのかな、あれを一度味わったら漫才はなかなか辞められないですよ。

こぼん　そうだね。

おぼん　お芝居とかミュージカルや映画は、モノとか音楽とかを使っていろんなことをやってお客さんが楽しむけど、漫才ってなんにもないわけですよ。ただふたりのかけ合いと個性でドーン、ウワーっていうのは快感ですよ。ウケればだけどね。それがスベったらもう最悪ですからね。「なんやこれ……？」って落ち込むだけだもん。

——そこがまたスリリングですよね。

おぼん　たとえばテレビの正月番組とかでスベったりするじゃないですか。そうしたら自分でフォローしますもん。「よし、今日はウケへんかったからソープランドに行こう！」って、そういうふうにはぐらかすっていうか（笑）。そうじゃないとやってられないですよ。発想の転換をして「これは気のせいやな。よし、ソープランドに行って発散しよう！」と。ウケなかったらホントにつらいから。
――では、生涯現役漫才師としてやられていくと。
おぼん　俺はずっと漫才をやりたい。やっぱり楽しいもん。
こぼん　ほかにやることがないっていうのか、漫才以外にやりたいことっていうのが、まあ、ないんでしょうな。
おぼん　それで漫才はお金にもなるしね。ホントはそれがいちばんだな。
――またそんな（笑）。
おぼん　おぼん・こぼんでやってりゃ、そこそこのギャラはやっぱり入ってくるから。
こぼん　それも気のせいだから。入ってると思ってるだけ（笑）。
おぼん　これがひとりでやってたらそれだけのお金は稼げないわけ。
――そもそも漫才というのはひとりじゃできないですしね。
おぼん　できないね。漫談になっちゃうもん。漫才ってこういう（横との）会話じゃないですか。それで漫談はこういう（縦の）会話で。
――漫談はお客さんと自分。
おぼん　仲が悪いときって、そっちの会話になって舞台がつまらないんですよ。「これなら漫談のほうがええやん」ってなってくるわけですよ。でも、こうしてようやく仲直りしたんだから、また新しいネタもやりたいし。まあ、ある意味では不仲を売りにしてましたけどね。「見ててください。この15分間、目線はひとつも合いませんから」って言うとドッカンってなるもんね（笑）。
――仲が悪い、ネタ合わせをしない、お互いに目も合わせない。それで舞台で漫才を成立させていたっていうのが、どうしても理解できないんですよね。
おぼん　みんなが不思議がりますよ。それは長年やってきて、彼は俺がどんなことを言うのかをわかってるから成立するんだと思うんですよ。そういうのは50何年間の積み重ねです。でもホントはどうなんだろ、お金にならなかったら俺たちはとっくに別れてるのかな？
こぼん　どうなんだろね。
――おぼん師匠、そのへんでやめときましょう！（笑）。
おぼん　アッハッハッハ。何を心配しているのよ。全部気のせいですから。

おぼん・こぼん（OBON KOBON）
おぼん
1949年2月2日生まれ、大阪府大阪市阿倍野区出身。本名・井上博一（いのうえ・ひろかず）おぼん・こぼんのボケ・ネタ作り担当。
こぼん
1948年12月24日生まれ、大阪府東大阪市出身。本名・馬場添良一（ばばぞえ・りょういち）おぼん・こぼんのツッコミ担当。

大阪福島商業高校（現・履正社高校）の同級生だったふたりが1965年にコンビを結成し、学生漫才師としてデビュー。上京後、キャバレー回りを経て1970年から赤坂コルドンブルー、日劇ミュージックホール公演などに出演。1980年に日本テレビ『お笑いスター誕生!!』にコントで挑戦して10週連続勝ち抜きグランプリを受賞。その直後にやってきた漫才ブームの中心にいる1組として活躍する。漫才が中心だが、コントやタップダンス、楽器演奏、モノマネなども得意とするマルチプレイヤーである。近年はテレビの演芸番組や漫才協会の定席である浅草東洋館を中心とした演芸場などに出演している。

バッファロー吾郎Aの
きむコロ列伝!!

第119回 プロレスクイズ

バッファロー吾郎A

バッファロー吾郎A/本名・木村明浩（きむら・あきひろ）1970年11月24日生まれ/お笑いコンビ『バッファロー吾郎』のツッコミ担当/2008年『キング・オブ・コント』優勝

『KAMINOGE』はプロレス・格闘技雑誌である。なので今回はプロレスクイズ！

全問正解できたらキミはプロレス博士だ！

Q.長州力さんの入場曲は？

A　パワーホール

B　ロマンティックあげるよ

※ヒント…歌詞はありません。

Q.乱入してきた謎の覆面レスラー、スーパー・ストロング・マシンに対して藤波選手はなんと言った？

A「おまえ、平田だろ！」

B「いまちょうど電話しようと思ってたとこやってん」

※ヒント…正確には「平田だろ、おまえ！」らしいです。

Q.アントニオ猪木とジャイアント馬場のふたりからピンフォールを奪った唯一の日本人レスラーは？

A　天龍源一郎

B　磯野貴理子

※ヒント…何度も改名していません。

Q.1985年、業務提携の名目で新日マットに復帰した前田日明さんは、リング上でなんと挨拶をした？

A「1年半のUWFでの活動が、なんであったかを確認するために来ました」

B「僕のこと『知ってるよ！』という方、手を挙げてください」

※ヒント…前田さんは若手漫才コンビが営業でよくやる掴みネタは知らないと思います。

Q.小林邦昭さんの新幹線でのエピソードといえば？

A　食堂車にあるすべてのメニューを食べた

B　どんなに空席があっても自由席のB席に座った。

※ヒント…プロレスラーらしい豪快なエピソード。

Q.グレート・ムタが相手の顔に吹きつけるのは？
A　毒霧
B　ファブリーズ
※ヒント…消臭除菌効果はありません。

Q.初代タイガーマスクの正体は？
A　佐山聡
B　平野レミ
※ヒント…オリジナルのフライパンを監修していません。

Q.『炎のファイター～INOKI BOM-BA-YE～』の「ボンバイエ」とはどういう意味？
A　やっちまえ！
B　お盆は家にずっといます。
※ヒント…原曲はモハメド・アリの『アリボンバイエ』。アメリカにお盆の風習はありません。

Q.アンドレ・ザ・ジャイアントの全盛期の身長・体重は？
A　223センチ・236キロ
B　リンゴ5個分・リンゴ3個分
※ヒント…コラボ商品は数えるほどだと思います。

Q.伝説のタッグチーム『ザ・ロード・ウォリアーズ』の必殺技は？
A　ダブル・インパクト
B　二人羽織
※ヒント…「ちょっとホーク、蕎麦が目に入ってる！」というようなセリフは聞いたことがありません。

Q.ハルク・ホーガンが日本で試合に勝ったあとにリング上で叫ぶ言葉は？
A　イチバーン！
B　いい日、カニ玉
※ヒント…永谷園のCMには出演していません。

Q.馳浩さんのプロレスラーになる前の職業は？
A　国語の教師
B　西城秀樹の妹
※ヒント…馳さんは男性です。

Q.『絶対王者』『熱き青春の握り拳』などの異名を持つ日本人レスラーは？
A　小橋建太
B　長谷川町子先生
※ヒント…国民栄誉賞級の活躍はしましたが……。

正解は全部A。キミは何問正解できたかな？

KAMINOGE COLUMN

［吉田光雄］

長州力

KAMINOGE LISTEN TO POWER HALL

収録日：2021年10月11日
撮影：池野慎太郎
聞き手：井上崇宏

プロレスを絶対に語りたがらない男が
師匠・アントニオ猪木について語る。

「昔さ、会長と高級ステーキ店に
行ったことがあるんだよ。そこで会長がわざと
ステーキをポーンと床に落としたんだよね。
さらに『ここはそんなたいした肉じゃないな』って
一言言ってさ。もうその場にいた人たち、
みんな黙っちゃったよな」

「あの昭和の時代でも、会長がやったことっていうのはやっぱりちょっと予想がつかなかったよね」

——長州さん、先日（9月27日）ＹｏｕＴｕｂｅの収録で猪木さんとお会いになられましたよね。

長州　うん。会長のほうのチャンネルで呼ばれて。俺、会長とはちょうど1年ぶりくらいに会ったんだよな。まあ、だいぶ元気に回復はされていたけど、まだまだ。だからあまり時間を長くとったら悪いだろうと思って、さっと行って。

——さっと撮って帰る感じでしたね。

長州　まあでも、今年に入ってから会長の具合が悪いときの映像を、あれはＹｏｕＴｕｂｅで観たのかな？

本当に心配もしたけど、まあ、あの頃よりはだいぶ回復していて。やっぱり最後の「ダーッ！」も思いっきり腹の底から発しきれないところはあったけど、もう少ししたらリングの上からも叫んでもらえるんじゃないかな。

——猪木さんと長州さんの距離感というか、やっぱりいまでも猪木さんとお会いするときは緊張しますか？

長州　それは当然だよ。だから、やっぱり自分から近づいて行くっていうのはないしね。

——今回のように呼ばれでもしなければ。

長州　自分なりの会長に対する距離感というものがあったほうがラクだよ。話をしていてもさ。

——長州さんが緊張する人って、猪木さん以外にもいるんですか？

長州　いない。いまはほら、仕事でテレビ局とかに行ったとき、いろんな有名な人とお会いしたり、共演させてもらったりするけど、会長と会うのとは緊張感がまったく違うよな。もう前の晩からそわそわしちゃうし、朝起きてからもずっと緊張してるし。まあでも、こないだは会えてよかったよ。会長がいちおうは回復してるってことがわかったし。まあ、ひと安心したっていう気持ちがあったよね。イラクに行ったときのこととか懐かしい話もできたし。

——あらためて長州さんから見た、アントニオ猪木の凄さってなんなんですか？

長州　あのさ、あまり俺はプロレスラーを本物だとか偽物だとかっていうのは言いたくないけど、会長は本物どころかプロレスラーそのものだよね。

——「プロレスラーとはアントニオ猪木のことである」と。

長州　まあ、会長に関して俺がああだこうだ言える立場じゃないんだけど。若い頃にリングサイドで会長の試合を観ていても「やっぱり違うな……」ってため息をついたというか。あの客に訴えかけるような、感じさせるようなものが一体どこから発せられてるのか。同じ人間なのに。だから、あの頃は凄く勉強をさせてもらったよね。あの人がやったこと自体も凄いことだし。それが昭和の時代だって言えばそれまでだし、あの時代だからできたこともたしかだろうし。それでもあの昭和の時代でも会長がやったことっていうのは、やっぱりちょっと予想がつかなかったよね。会長は〝紙一重〟だよ（笑）。

——紙一重。いい表現ですね（笑）。

長州　『KAMINOGE』も『KAMIHITOE』って名前に変えたほうがいいじゃないか？

——検討します（笑）。

長州　もしくは『SUNDOME』とか。ワッハッハッハ！

——寸止め。それはちょっとよくわかんないです。

長州　冗談はさておき。やっぱり会長のバイタリティというか、プロレスラーなんだから本来はプロレスだけやっていればいいわけだ。それを枠を超えて行って、いろんなことを次から次へとやったじゃん。そういうときの成功も失敗もあってアントニオ猪木っていう人間が語られるんじゃないの？成功、成功だったら、もしかしたらそんなに偉大さはなかったかもしれないね。

——失敗どころか大失敗もあって。

長州　上がっては沈み、上がっては沈みでな。まあ、俺たちが会長のことを語るのは10年、いや100年早いか。とにかくあの人は凄いよね。

「会長の発想っていうのは見極めることがちょっと難しいんだよ。べつに俺、洗脳されたわけじゃないぞ」

——たしかに時代性もあったというか、いまだと発想したとしても実行できないことばかりな気がしますね。

長州　だからファンの人たちにとっても、あの時代の空気、枠の中で観ることができてよかったんじゃないかなって思うけどね。

——長州さんが団体を飛び出したり、戻ったりしたのも、あれは猪木イズムですよね？

長州　まあ、会長の話ってことで付き合ってやってるけど、ここからプロレスの話になるんだとしたら、俺はもう何も語らないぞ（ギスギス）。おまえはボーダーを曖昧にする天才だよな。まあ、悪い意味じゃなく感心してるんだけど。

——ありがとうございます。昔、長州さんがおっしゃっていた言葉で、「無事故無違反で上に上がって行ったヤツはいない」っていう。

長州　いや、それはホントだよ。

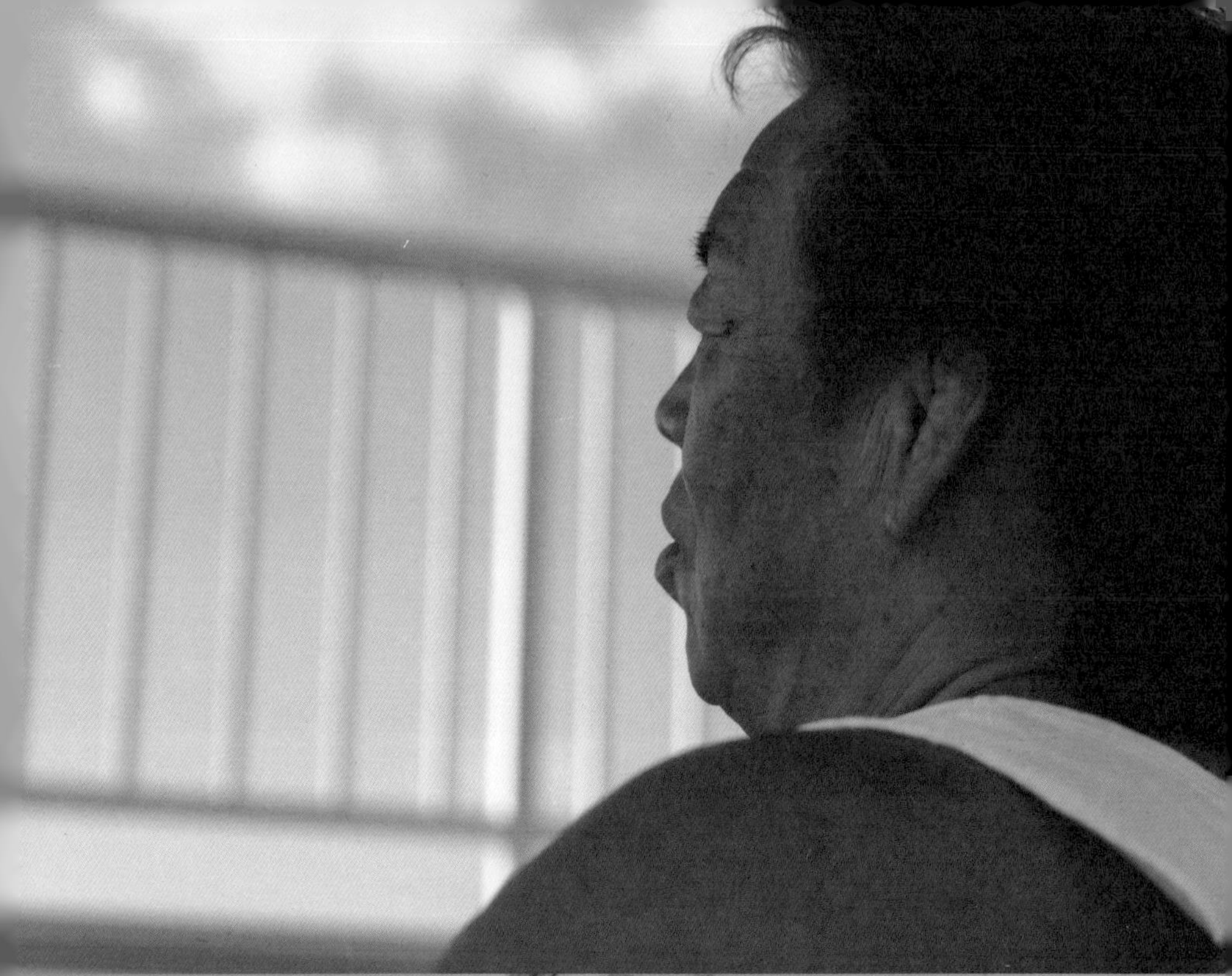

――そういう感性は猪木さんの近くにいたからこそ培ったものですよね。

長州　だから紙一重なんだよ。許されることと許されないことの紙一重（笑）。俺もたくさん飛んできたけど、俺の場合は、やっぱり自分でやっていて怖いっていうか、「さすがにこれはやっちゃダメなんじゃないか？」っていうときもやっぱりあったよ。それを口に出してマジで愚痴を垂れたときもあるしね。「これはいくらなんでもまずいだろ……」って。でも、どっかでやっぱり自分がプロレスをできるようになってからは、また違う考えを持つようになるわけだけど。たとえば「いや、さすがにこれは会長が間違ってるだろ」みたいなさ。それはもうこっちもプロレスラーなんだから、そういう考えも持つよ。ただまあ、どこまで行っても俺は会長の手玉だよ。ホントに手玉（笑）。

――終始、手玉に取られたなという感じですか？

長州　回ってるよな。

――回ってる……？

長州　回ったね。だから、それが昭和の時代のプロレスだったんだろうな。だっていまでも引退してからプロレスのことをあぁだこうだ言ってる連中がいるけど、その言ってる人間たちも転がっていたから言ってるわけであって。

――転がっていた。

長州　多くのレスラーたちは「ここまでやるか」っていうふうに会長に転がされていたわけだから。だから会長の発想っていうのは見極めることがちょっと難しいんだよ。べつに俺、洗脳されたわけじゃないぞ。ちゃんと書いとけよ。ところでさ、リングを降りてからプロレスを語ると消えていくよ？

――プロレスを語ると消えていく。長州さんの中でそんな法則があるんですか？

長州　ああ、消えていくだろうな。それはなぜなんだろ。俺はいまでもプロレスのことをあぁだこうだとしゃべりたくない。みんなそれぞれ何十年もやってきた自分の仕事をなぜ下げるような、落とすようなことを言うのか。それはプロレス界だけじゃなくても社会だってそうだろ。会社を辞めて、あの会社はどうたらこうたらっていくら言ったって、そこから浮いていくことはもう難しいよね。

――いわゆる裏話とか暴露話って、瞬間的な歓声を得られるから、ついついしゃべっちゃうんでしょうね。

長州　ひとりひとり選手も努力しながら苦労はしたんだと思うよ。思うけども、なぜそれをいまになってあぁだこうだしゃべってるのかなっていう。自分でやってきたものを否定してるじゃん。「そんな世界で自分だけはまともでした」なんてありえないだろ（笑）。だから俺はプロレスのことはしゃべりたくない、ホントに。

「辞めてからああだこうだって言うのはちょっと違うんじゃないか。自分で自分のことを消していってるようなもん」

――はい。ボクも今日は猪木さんとお会いしたときの話が聞きたかっただけですので。

長州　昔さ、俺が現役時代に会長について行って、有名な高級ステーキ店に行ったことがあるんだよ。そこでスポンサーなんかと合流してワイワイやってるわけだけど、やっぱりそういうときってああだこうだって聞かれるじゃん。「いやあ大変ですよね、プロレスって。でもあれなんでしょ、いくら大変とはいえ……」って言われた瞬間に、会長がステーキをポーンと床に落としたんだよ。

――えっ、肉をですか?

長州　肉を。それも無言でさ。だからその相手からすれば、うっかり箸をすべらせて落としちゃったのかなって思ったかもしれないけど、そうじゃなくて、わざとポンって落としたんだよ。俺はその瞬間を見てたんだから(笑)。

――うわ、凄い。

長州　しかもさ、「牛肉はここがいちばんうまいから」っていう高級店で、会長は俺を連れて行ってくれたんだよ。それで会長はステーキを落として、さらに「ここはそんなたいした肉じゃないな」ってひとこと言ったんだよ。スポンサーの人たち、もう黙っちゃってさ。

――めちゃくちゃ怖いですね……。

長州　そういうたとえというか、しゃべり方をしたっていう。めちゃくちゃ最高級の肉なんだよ、誰が食ったって(笑)。でも、いくら自分たちがやってることを言葉で伝えようとしても、相手が聞く耳を持たないかぎりは本当はどういう世界かって伝わらねえじゃん。しかも反対を語ってる人間だとしたらなおさらだよ。だから立場が反対になれば、向こうは最高の肉を出してるつもりだけど、食べるほうがそう受け取らなかったら、それはいい肉でもなんでもないっていう。いや、マジでめちゃくちゃうまかったけどな、俺は(笑)。

――なるほど。

長州　昭和の時代ってだいたいそういう狭間にあって、その部分を消そう消そうとして作ってやっていたのが新日本プロレスなのかなって。それをみんな辞めてからああだこうだって言うのはちょっと違うんじゃないかな。自分で自分のことを消していってるようなもので。だから辞めていった人間でああだこうだって言ってるのはみんな消えていくよね。何十年も酷使してやったのに。

――自分の人生を否定しているようなものというか。

長州　だからそこのところはわかっていないと。世間にはプロレスファンもまだまだ多いんだから、現役を終えたとしても、なにかしらで動いていけるはずなんだよ、本来は。それを自分で自分のことを動けなくしてるっていうのが理解できない。またそのことに気づかないっていうのが終わってるよ。いくら「自分はがんばってやってきた」って言っても、みんながんばって同じ世界にいたわけだから。もう俺は昔のことをあまり語りたいとは思わないね。だからいまこうやって少しでも気にかけてもらって仕事がいただけてるのかなって。

――これは金言ですよ、長州さん。

長州　ああ？　俺はごく普通の、人として当たり前の話をしてるだけであって。それをベラベラと「俺はこうだった、あれはああだった」って言っても、「だからなんなんだ！」って（笑）。それは普通の社会でも一緒。馬鹿とは言わないけど、みんなどっか壊れてるんだろうな。

――たしかにそういうタイプの人と一緒に仕事をしようとは思わないですもんね。「ああ、こういう人なんだ。どうせ俺もなんか言われるんだろうな」って。

長州　あー、それだよ。俺もないな。そういう人間は触りたくもない。そうやって自分で自分の首を絞めてるだけだもんな。

「俺もあともう何年だよ。お迎えが目にチラチラっとちらつくときがある。人生、ずっと回されっぱなしだよ」

――ただ、同じ職業であったとはいえ、ポジションとかでちょっと見えている景色が違ったっていうのもあったんじゃないですかね。

長州　ああ、それは当然ひとりひとり違うだろうけど、だけどそれは一般の社会人だって一緒じゃん。

――社長や上司から見た会社と、いちばん下っ端だった人間から見ていた会社っていうのは、たぶん違いますもんね。

長州　どんな世界でも、どんな仕事でもそうだろうけど、「納得できるまで」っていうのはどういう状態なのかっていうのは、みんなそれぞれ違うだろうし。まあ、人間はみんな考え方が違うんだから。ただその場の仕事が一緒だったっていうだけだしな。でも活躍したヤツがいっぱいいるじゃん。活躍できたってことは注目されたってことだろ。プロレスを辞めたあとも食っていくっていうのは難しいことだけど、食えないっていうのはリングを降りてからの自分をよく振り返ってみなって。だからまあ、アゴを回しすぎ（＝しゃべりすぎ）てるよ。

――アゴを回しすぎ。

長州　いまさら何を言ったって、そんなのは通らないっていうのがわからないっていうか。だから俺は長年一緒に汗水たらしてやってきて、過去のことは何も言わずにいる人のほうが気になるんだよ。浜さん（アニマル浜口）とか寺さん（寺西勇）とか。

——ああ、「会いたいな」って思いますよね。

長州　気になるよなあ。ああいう人たちがいてこそ自分はここまでできたっていうのもあるよ。だけど、それすらも語る必要がないっていうか。でもホントにそういうところだよ。自分ひとりで仕事をした気になってリングを降りるっていうことはなかなかないよ。なのに「自分だけは違った」とか、よくもまあ、ベラベラと。違ったんだったら黙ってろってて（笑）。この業界が潰れたわけでもないのにさ。そんなだから、みんなから呼ばれないだろ。こっちにもう来たくないんじゃなくて呼ばれないんだよ。『ＫＡＭＩＮＯＧＥ』でも呼ばないだろ、そんなヤツ。

——うーん、呼んでいないような気ではいます。

長州　だから今日の会長の話だって、俺は会長に関しては本当にしゃべりたいとも思わないよ。評価の部分で、会長っていうのはマジで掴めないんだから。俺が語れるような人間じゃない。まあでも、実際の行動は別としても、会長のそばで学ぶことっていうのはたくさんあったよね。

——その学んだことを何か具体的に言えたりしますか？

長州　なあ？　そうやってベラベラしゃべらせて、俺に消えてほしいと思ってんの？（ギスギス）。

——まったく思ってないです！

長州　いくら思っていなくたって、こうして聞かれてなんでも答えてたら、俺はもう消えていくしかないよ。ただ、ひとつだけ言ってやろうか？　会長の発想にはついて行ける限度がある。「こんなことが本当に俺にできるのか？」っていうことを求められるからな。一体、会長には俺がどういうふうに見えているのかっていう。その期待感はうれしいんだけど。

——果たして、それをこなせるのかと。

長州　すべてを敵に回すっていうか、みんなが求めているものと真逆のものを作ろうっていうわけだから。それって本当に正しいことなのか、やってるほうだってちょっと不安感を覚えるよ。でも俺もあともう何年だよ。もうお迎えが目にチラチラっとちらつくときがあるよ。

——えっ、長州さんがですか？

長州　うん。やっぱりあるよ。

——めちゃくちゃ元気ですけどね。

長州　いや、そう思うだけだよ。それは自分でもそう見せてるっていうか。

——いやでも、あいかわらず頭の回転も速いですし。

長州　バカッ、速いわきゃねえだろ。まあ、目が回るのは速いけどな。人生、ずっと回されっぱなしだよ。

長州力（ちょうしゅう・りき）
1951年12月3日生まれ、山口県徳山市（現・周南市）出身。元プロレスラー。
専修大学レスリング部時代にミュンヘンオリンピックに出場。1974年に新日本プロレスに入団し、同年8月にデビューを果たす。1977年にリングネームを長州力に改名。メキシコ遠征後の1982年に藤波辰爾への噛ませ犬発言で一躍ブレイクを果たし、以後、"革命戦士"のニックネームと共に日本プロレス界の中心選手となっていく。藤波との名勝負数え唄や、ジャパンプロレス設立からの全日本プロレス参戦、さらに新日本へのUターン、Uインターとの対抗戦など、常にプロレス界の話題のど真ん中を陣取り続けた。2019年6月26日、後楽園ホールで現役ラストマッチをおこなった。

プロレスがわかれば世の中が、
そして世界が見えてくる。

斎藤文彦 × プチ鹿島

活字と映像の隙間から考察する

プロレス社会学のススメ

撮影：タイコウクニヨシ　司会・構成：堀江ガンツ

第19回

デスマッチとリバイバル

完全決着、敗者制裁、なんでもあり、スペクタクル。プロレスにおけるデスマッチは、刺激的で危険なイメージを想起させる。
電流爆破デスマッチの祖・大仁田厚がアメリカで再ブレイクの兆しを見せているいま、このデスマッチの歴史をあらためて紐解いてみたい。
プロレスにはなぜデスマッチが必要だったのか？

「名称に〝デス〟がついているくらいだから、もともとは『どちらかが死ぬまでやる』というような意味合いなんです」（斎藤）

——今回は「デスマッチ」をテーマに語っていこうと思うんですよ。というのも、大仁田厚がここに来てアメリカで再ブレイクを兆しを見せているんですよね。

鹿島　大仁田がアメリカでですか⁉

——ケニー・オメガやジョン・モクスリーが大仁田厚へのリスペクトを公言して、実際にアメリカで電流爆破デスマッチをやったりしたことで、アメリカの比較的若いマニア層から神格化されているんですよ。ちょうど今日、アメリカではプロレスドキュメンタリー番組『ダークサイド・オブ・ザ・リング』の最新回が配信されたんですけど、今回は90年代のFMWと大仁田人気の検証なんです。

鹿島　へぇ～、そんなことになっているんですか！

斎藤　その番組では、大仁田厚本人はもちろん、リッキー・フジやハヤブサの娘さん、荒井昌一社長の娘さんもインタビューされているんですよね。

——あとはテリー・ファンク、ミック・フォーリー、サブゥー、クリス・ジェリコといった錚々たるメンバーが登場していて。

斎藤　『ダークサイド』を作っているプロデューサーが、30代後半から40代の人たちなんですね。彼らはFMW時代の大仁田厚をリアルタイムでは観ていないんですけど、伝説化されたストーリーを90年代のプロレス現象として掘り起こしている。

——だから日本だと、大仁田厚は「また復帰したのかよ」みたいに言われることも多

いですけど、アメリカの最新プロレスシーンの中では、ジャパニーズレジェンドとして、いまもっとも旬な男になっているというんですよね。

鹿島　歴史は繰り返すというか。最初のインパクトがデカければ、巡り巡って再評価されるということですよね。

斎藤　メディア的な再生産はあると思うんですね。いま、映像はすべてデジタルのストリーミングが一般的ですけど、大仁田厚の全盛期だった90年代前半あたりはVHSの映像ですよね。当時はもちろんネット上のストリーミングなんてないから、日本とアメリカのマニア同士がいわゆるペンパルになって、航空便でVHSテープの交換や情報のやりとりをしていたんですね。

鹿島　お互いの国で放送されたプロレスを録画、ダビングしたものを交換し合っていたわけですね。

斎藤　そのトレーディングが始まったのが、80年代前半のタイガーマスクvsダイナマイト・キッドあたりからで、マニアのマニアのマニアの手に渡る頃にはダビングしまくりすぎて「これ、観られるの?」みたいな状態だったりしたんです。

——昭和のダビングされまくった裏ビデオで有名な『洗濯屋ケンちゃん』状態になっていると（笑）。

鹿島　ありましたね〜。そういう欲望に関することって、人間は知恵を絞るんですよね。

斎藤　マニアは「3倍速はダメ。標準で録ったやつにしてください」って要求したりね。

——「S-VHSでお願いします」みたいな（笑）。

斎藤　アメリカのマニアの間では、タイガーvsキッドが人気なのはもちろんなんですけど、獣神サンダー・ライガーvs佐野直喜、ペガサス・キッドあたりも凄いプレミア感だったんです。それからライガーvsエル・サムライとか。

鹿島　やっぱり、新日ジュニアが人気なんですね。

斎藤　一方で、大仁田FMWの電流爆破やIWAジャパンのデスマッチトーナメント、W★INGの一連のデスマッチなんかもアメリカのマニアの間では凄い人気で、ケニー・オメガやジョン・モクスリーは、そのVHSを夢中になって観ていた世代のマニアなんでしょうね。

鹿島　なるほど。そういったこともあって、いまアメリカでリバイバルヒットしているわけですね。でもデスマッチって、いまでこそポップな感じすらしますけど、もともとアンダーグラウンドで、おどろおどろしいイメージがあったじゃないですか。そこらへんの歴史もフミさんにうかがいたいんですよ。

斎藤　デスマッチっていうのは、名称に「デス」がついているくらいだから、もともとは「どちらかが死ぬまでやる」というような意味合いなんですね。

鹿島　実際は死なないにしても、ですよね。だから子どもの頃、『プロレス大百科』的な本で、世界のいろんなデスマッチの試合形式を見て「うわー、怖い……」って思いましたもん。

斎藤　その少年ファン向けの入門書の「デスマッチ編」も、写真がなくてイラストだったりするので、よりイマジネーションが湧いて怖いんでしょうね。

鹿島　そうなんです。粗いモノクロ写真とかイラストが、むしろ怖いんですよ。
斎藤　日本でデスマッチというと、昭和の時代は金網デスマッチがもっともポピュラーでしたけど、アメリカでケージマッチは「デスマッチ」とは呼ばれていないんですね。一応、デスマッチのひとつとしてはカテゴライズされているけれど。

「猪木vsマサの巌流島は、テキサスデスマッチのニュアンスもあるし、ケージマッチ的な完全決着の意味合いもあった」（鹿島）

――アメリカでは「ケージマッチ」とは呼ばれていても、「ケージ・デスマッチ」とは呼ばれていないってことですね。
斎藤　ケージマッチという形式は、ケージの中で「人が死ぬまでやる」というよりは、逃げ場をなくして完全決着をつける形式なんです。だから闇雲にケージマッチはやらないんです。因縁、抗争のドラマが続いて、いよいよ完全決着をつけなきゃいけないっていう段階にきて初めてやるものなんです。
――ケージマッチ＝最終決着戦なわけですね。
斎藤　70年代末～80年代前半、ボブ・バックランドがケージマッチをやっている写真が日本のプロレス雑誌にはよく載っていたから、頻繁にやっているように思われていましたけど、あれは因縁の相手との5回目ぐらいのビッグマッチなんです。最初はバックランドがリングアウトかなんかで負けちゃって、2度目は怒ったバックランドが反則負け。それで3回目と4回目は、両者反則のノーコンテストみたいな展開になって、「もう逃さない！」っていう流れでケージマッチにたどり着くことになるんです。
――MSGで決着戦としてケージマッチが組まれ、それが日本の雑誌に載っていたわけですね。
斎藤　ジミー・スヌーカvsドン・ムラコの伝説のケージマッチもあるんですけど、あれはもともと仲間割れから因縁のドラマが始まって、何度かシングルで対戦しても決着がつかず、何回目かでリングサイドに何十人もレスラーを配置して場外に逃げられないようにする「ランバージャックマッチ」をやるんだけど、それでも両者流血のノーコンテストでまだ終わらない……。
――いよいよこれで完結かと思ったら、「つづく」が出ちゃう（笑）。
斎藤　そうやっていろんな試合形式でやっても決着がつかず、最後に完全に逃げ場をなくすのがケージマッチなんですね。
鹿島　〝数え唄〟をさんざん展開して、長い物語の最終地点にケージマッチがあると。
――藤波辰巳vs長州力の名勝負数え唄も、アメリカだったらケージマッチで決着をつけていたかもしれないですね。
斎藤　だからケージマッチというのは最終決着の手段なんです。じゃあアメリカにおける「デスマッチ」とは何かというと、もともとの古典的なプロレス用語ではテキサスデスマッチのことなんです。もちろん死ぬまではやらないんだけど、テキサスデスマッチだけは「デス」がつくんです。
鹿島　本来のオリジナルの「デスマッチ」は、テキサスデスマッチだと。
斎藤　そのテキサスデスマッチは、3カウントのフォールを奪ったあと、さらにダウンの10カウントを数えないと終わらないんです。だから10カウント以内に立ち上がったら、「まだ闘える」ということで試合が続行されるので、なかなか終わらない。この テキサスデスマッチでもっとも有名だったのが、テキサス州アマリロで定番カードの中の定番カードだったドリー・ファンクvsフランキー・マードックなんです。

――なんと、先代のファンクvsマードック！（笑）。

斎藤　そう。ドリー&テリーのお父さんであるドリー・ファンク・シニアと、ディック・マードックのお父さんのフランキー・マードックのふたりがテキサスデスマッチで闘っているんです。

――ファンクスの父親とマードックの父親が〝デスマッチの始祖〟ってことですよね。いい話だな～！

斎藤　ドリー・ファンク・シニアとフランキー・マードックは、テキサスデスマッチを深夜3時過ぎまでやっていたらしいんですね。だから4時間、5時間くらい闘ったんでしょう。

――猪木vsマサ斎藤の巌流島の決闘みたいですね。というか猪木さんは、何度も闘ったマサさんとの決着戦として、アメリカにおけるケージマッチやテキサスデスマッチ的な要素を含んだ試合を巌流島でやろうとしたのかもしれないですね。

鹿島　たしかに猪木vsマサは「どちらかが立てなくなるまでやる」というテキサスデスマッチのニュアンスもあるし、ケージマッチ的な完全決着の意味合いもありましたもんね。

――「逃げ場がない」という意味では、海に囲まれた無人島はうってつけですしね（笑）。

斎藤　たぶん猪木さんは、マサさんと究極の試合形式で決着戦をやろうとしたんだけれど、「デスマッチ」という表現は使いたくなかったんだと思います。ソフトウェア（内容）は一緒なんですね。巌流島は形式的にはどう見てもテキサスデスマッチですから。でもカタカナの「デスマッチ」を使うのはイメージにそぐわないということだったのでしょう。

――そこが猪木さんのセンスのいいところですよね。「デスマッチ」だとどこか見世物的なニュアンスを含むけれど、それを「決闘」というイメージに変えて。

斎藤　だからどんなに「お客が入る」と言われても、70年代の猪木vsタイガー・ジェット・シンをケージマッチでやろうとはしなかった。〝金網〟は国際プロレスの専売特許というかトレードマーク的にやっていたものですから。

鹿島　なるほど。

斎藤　ボクもあとから聞いた話なんですけど、当時テレビ朝日の関係者のある人物が猪木さんに「アメリカではケージマッチをやるとお客が凄く入るんですよ」って言ったら、猪木さんが「なんだ、そんなことを覚えてきたのか。誰に知恵をつけられたんだ？」って鼻で笑ったらしいんです。プロレスについて猪木さんに進言するっていうのもどうかと思うけど。

鹿島　誰にモノを言ってるんだって話ですよね。

斎藤　猪木さんがケージマッチの存在を知らないわけがないでしょう。それで「ふん！」と鼻で笑ったっていうエピソードです。

鹿島　「そんな安易な方法は取らねえぞ」っていうことなんでしょうね。猪木さんからすれば、何がうれしくて国際プロレスと同じ企画をやらなきゃいけないんだっていう。

「猪木vs上田のネイルデスマッチは落ちるか落ちないかのスリルを見せたけど、大仁田厚はそのスリルだけじゃインパクトが足りないと思ったのかもしれない」（斎藤）

斎藤　国際プロレスの場合は、ラッシャー木村がたしかにエースだったし、その前にはサンダー杉山、ストロング小林、グレート草津、マイティ井上らがそれぞれエースを努めた時代はあったけれど、猪木、馬場のような一枚看板ではなかったですよね。じゃあ、何が国際の看板だったかと言えば、やっぱり金網デスマッチだったんです。

――レスラーではなく、金網デスマッチという試合形式がいちばんの売りだったわけですね。

斎藤　そして、そもそもケージマッチを国際が「金網デスマッチ」と呼び始めたんです。

鹿島　テキサスデスマッチとケージマッチが日本的に合体しちゃうわけですね。

――国際の金網は3カウントフォールのあと、10カウント数えないと決着がつかないルールでしたもんね。

斎藤　日本で最初にデスマッチを採り入れたのは、国際プロレスがＴＢＳで放送していた時代のラッシャー木村vsドクター・デス（１９７０年10月8日・大阪府立体育会館）なので。

――スティーブ・ウィリアムスではない、ドクター・デスですね（笑）。

斎藤　初の金網デスマッチは反響はあったんですけど、ゴールデンタイムのテレビ倫理的には流血が凄すぎるということで、その後、東京12チャンネル時代になるまで金網はテレビで放送されなくなったんです。そういったこともあったので、おそらく猪木さんは「デスマッチ」と名のつくものを下に見ていたのではないかと思います。

――あれは普通の試合で客が呼べない団体がやるものだと。

斎藤　実際、単体でお客さんを呼べるスーパースターがいない団体がデスマッチをやる、というのは事実であることが多いと思うんです。大仁田さんはスーパースターだけど、ＦＭＷも初期は「大仁田厚」よりもデスマッチ観たさにお客さんが集まっていた部分も大きかった。

――「日本初の有刺鉄線デスマッチ」とか「日本初のストリートファイトデスマッチ」とか、初期ＦＭＷの後楽園は毎回「日本初の○○デスマッチ」が売りでしたからね。

斎藤　猪木さんも一度だけ、上田馬之助さんとネイル（釘板）デスマッチをやっているけど、あれは誰かの真似ではなく猪木さんのオリジナル。重要なポイントは、猪木も上田も釘の上に落ちそうで落ちなかったところなんです。

――そうなんですよね。あくまで「リング内で決着をつけるため」に場外に釘板を敷いているという。

鹿島　ケージマッチの本来の目的と一緒ということですよね。

斎藤　そうなんです。

鹿島　ボクはネイルデスマッチのとき、まだ幼稚園児だったと思いますけど、もうドキドキしながら観ましたね（笑）。

斎藤　エプロンで猪木さんが落ちそうになって、その上から上田さんがストンピングをしていて「猪木が落ちる〜！」ってなったけど結局は落ちなかったんです。

鹿島　あれは最高でしたね。国際がやっていない斬新な形式で、しかも金網よりスリリングという、あの企画力は凄いと思います。

斎藤　だから猪木さんのネイルマッチは、落ちるか落ちないかのスリルを見せながら、リング内で完全決着させるためのものでしたけど、それが〝ミスター・デンジャー〟松永光弘の時代になると、ホントに釘板に落っこちちゃうんです。

鹿島　猪木さんの場合は、落ちたら死ぬから、逆説的に落ちない「デス」マッチだけど、そうじゃなくなったんですよね。

斎藤　それをデンジャー松永より先にやったのがやっぱり大仁田厚でした。釘板じゃないけど、場外にバーブドワイヤーボード、つまりベニヤ板に有刺鉄線を張り巡らせたものを敷き詰めて、そこに大仁田は落ちたんですね。

——大仁田厚vs栗栖正伸ですよね。あれはデスマッチ＝かならず落ちて血だるまになる、というものにした先駆けですよね。

斎藤　猪木vs上田も大仁田vs栗栖も、正直、通常のシングルマッチではいまいちインパクトが弱かったからこそ、デスマッチにしたんだと思うんですね。

——猪木vs上田は、当時なかなか満員にすることが難しかった日本武道館でしたしね。

斎藤　だから猪木vs上田はネイルデスマッチをやり、大仁田vs栗栖は有刺鉄線ボードデスマッチをやったわけです。大仁田厚は「落ちるか落ちないか」のスリルだけではもはやインパクトが足りないと思ったのかもしれない。

「山崎邦正vsモリマンの原点もテネシーにあったのか（笑）。それとドリフのコントの作り方にも似ていますよね」（鹿島）

——実際、あの栗栖戦あたりから「FMWの後楽園は何が起こるかわからない」って感じで、毎回見逃せなくなりましたからね。

鹿島　そうやってリピーターを増やしていって、大成功じゃないですか。

斎藤　当時、「（地上波キー局の）テレビ放送がつかない団体は経営できるはずがない」というプロレス界の常識、あたりまえだったビジネルモデルを覆しましたからね。もちろん新生UWFもテレビがなかったけど、前田日明、髙田延彦らは、新日時代からすでにスターだったのに対して、大仁田厚、ターザン後藤のふたりは、全日本の体制からこぼれ落ちた人たちです。

——半ば〝捨てられた〟人たちですもんね。

斎藤　後藤さんは、アメリカ遠征中に向こうの女性と結婚しちゃったことで馬場さんの逆鱗に触れて、全日本を除名になるわけです。でも後藤さんが結婚したデスピナ・マンタガスのコネクションから、アメリカからFMWに女子プロレスラーがたくさん来るようになって。

——そうやって女子の受け皿ができたことで、全女を新人時代に退団していた工藤めぐみが復帰したわけですもんね。

鹿島　何が功を奏するかわからないですよね。

斎藤　FMWが日本のプロレスに導入した、会場中のどこで闘ってもいいという「ストリートファイトデスマッチ」なる試合形式がありましたね。あれも大仁田厚がオリジナルで考えたものではなくて、彼がテネシー遠征中に体験したものなんですね。

——海外武者修行中に目撃したものを日本に持ち込んだという。

斎藤　テネシーで田吾作タイツを履いた渕正信&大仁田厚が、ロックンロール・エキスプレスとかジェリー・ローラー&ビル・ダンディあたりと抗争していた。テネシーではその頃から「フォールズ・カウント・エニウェア」と言って、リング上でも場外でもアリーナ最上段でも、どこでもピンフォールが取れるっていう概念があったんですね。ジェリー・ローラーの場合は、エニウェアで場外乱闘をやるときにかならず売店を襲うんです。そこでまず相手とポップコーンをかけ合う。

鹿島　最高ですね（笑）。

斎藤　さらにホットドッグを相手の口の中に突っ込んだりして、その次にケチャップとマスタードのかけ合いなんかをして。そうするとドタバタ映画じゃないけれど、かならずケチャップで足を滑らせて転ぶようになったりする。

――山崎邦正vsモリマンですね（笑）。

鹿島　そっちの原点もテネシーにあったんですね（笑）。

――ジェリー・ローラーのケチャップ、マスタードかけ合いの進化系が、アツアツの餡のかけ合いという（笑）。

斎藤　それから会場の上のほうの席で乱闘して、上まで行ったからにはかならず階段を下まで転げ落ちるとか。

――時代劇ばりの階段落ち（笑）。

斎藤　やっぱり階段があったら転げ落ちなきゃダメでしょ。

鹿島　ドリフのコントの作り方にも似ていますよね。これをやったら次はこれがありますっていう。

斎藤　テネシーマットの鉄の掟として、パイルドライバーは反則で、やったら即反則負けというルールが徹底されているんですね。だからもしパイルドライバーを喰らったら、やられたほうはかならず担架で運ばれるんです。

――でもジェリー・ローラーはパイルドライバーをやっちゃうんですよね？（笑）。

斎藤　それはもちろんやるでしょ（笑）。最後には怒ってパイルドライバーをやっちゃって、ローラーの反則負けなんだけど、相手は失神して担架で運ばれていく。

――そうすることで会場のお客さんの溜飲は下がり、なお決着は持ち越しにできるという（笑）。

斎藤　そういうことですね。

――でもストリートファイトマッチは、デスマッチの仕掛けとしては安上がりでいいですよね。試合用タイツじゃなくて、ジーパン、Tシャツ姿で闘うだけだから。

鹿島　また、あのTシャツが血に染まったりするのがいいんですよね（笑）。

斎藤　ストリートファイトの6人タッグマッチだと、会場の3カ所で乱闘シーンが観られるわけです。後楽園ホールだったら、東西のひな壇で同時に闘ったりとか。

――「東」「西」のトタンの看板に頭をぶつけたりするわけですよね（笑）。

斎藤　いまもマニアあがりのアメリカ人レスラーの間には、初来日のときなんかに後楽園の西側、東側の看板のところで記念写真を撮る文化があるんですよ。

鹿島　伝説の場所なんですね（笑）。

斎藤　70年代のブッチャーとザ・シークの全盛期によく場外乱闘で、あの看板に頭をぶつけ合っていたのをマニアだから知っていて、「まだあるんだ！」って感動するんです。トミー・ドリーマーも写真を撮っていました。後楽園ってそういう歴史的な場所なんです。そして大仁田のデスマッチワールドというのも、これがまた後楽園の空気に絶妙にマッチしていたんですね。

「FMWは電流爆破の発明と、エニウェアマッチや有刺鉄線マッチをはじめとした、かつてのアメリカ南部のプロレスをよみがえらせて進化させた」（斎藤）

――あの超満員で密集した狭い空間が、ハチの巣をつついたような大騒ぎになるのがいいんですよね。

斎藤　最初の話に戻ると、日本の文通相手とトレーディングしたVHSビデオでそういう名シーンを観ていたマニアがすでに何世代もアメリカにもいるわけです。

――FMWの一連のデスマッチの中でも、電流爆破デスマッチは桁違いに映像的に映えるから、いまも伝説になっているんでしょうね。

斎藤　どんどん進化していきましたよね。最初に汐留でやった電流爆破は、いまのそれと比べるとそんなに大爆発じゃなくて。

鹿島　それでも初めて観るものだから衝撃的でしたけどね。週プロの表紙で「わかったから、もうやめてくれ」っていうコピーが躍って。

――あれは歴史に残る表紙ですね。コピーもいいし、また大仁田じゃなくて、ターザン後藤が爆破してる写真っていうのもいい。

斎藤　その翌年、大阪の万博広場で大仁田vsミスター・ポーゴをやって、そのときは場外にも爆弾が仕掛けられましたよね？

――あれは史上初の有刺鉄線バリケードマット地雷爆破デスマッチですね。あのときの週プロの表紙もいいんですよ。地雷が爆発した瞬間、ポーゴが怖がるっていう（笑）。

鹿島　あったな～（笑）。あとFMWは一度、ファイヤーデスマッチでえらいことになったじゃないですか。

――あれは後発のデスマッチ競合団体であるW★INGが、真夏に初のビッグマッチとして船橋オートレース場でファイヤーデスマッチをやるって発表しちゃっていたんで。「W★INGがやる前にやっちゃおう」って、見切り発車でやったが故の事故ですよね（笑）。

鹿島　企画潰しみたいな（笑）。

――あのときはリング四方の有刺鉄線に灯油を染み込ませた布を何重にも巻きつけて火をつけたら、シャレにならないくらい大炎上しちゃったんですよね（笑）。

斎藤　リング内の温度が上がり、あまりにも熱くなりすぎたんで、シークさんが「危ないから出ろ！」ってパートナーのサブゥーを始め、みんなに合図を出したんです。「リングから出ろ！　ホントに死ぬぞ！」って。

――あれは逃げ遅れていたら大事故になってましたよね。

斎藤　そんなことがあっても、シークさんは大仁田さんのことを凄く愛おしく思っていたんです。あのときは90年代だから、もう全日本もシークさんを呼ぼうとしませんよね。でも大仁田さんは毎シリーズのようにデトロイトから呼んで、〝アラビアの怪人〟が完全によみがえりました。それでシークさんはFMWを切り盛りする大仁田さんのことが愛おしくなっちゃって。

――あの時点ですでにアメリカはテリトリー制が崩壊して、WWE、WCWの時代じゃないですか。

斎藤　デトロイトのシークさんの会社（ビッグタイム・レスリング）もとっくに潰れちゃってました。
――だから日米のプロレス界が大きく変わっていく中で、大仁田さんはFMWで古きよきアメリカのプロレスを日本でリバイバルしていたわけですもんね。
斎藤　シークさんは甥のサブゥーが「プロレスラーになりたい」って言ったとき、「おまえがプロレスラーになりたくても上がるリングはないから」って、やめさせようとしたんです。
鹿島　アメリカでは、WWE、WCW以外ではプロレスで生計を立てていけない時代になったとき、2大メジャー以外でも生きていける場所をFMWが作ったわけですね。
斎藤　だからFMWは電流爆破の発明と、エニウェアマッチや有刺鉄線マッチをはじめとした、かつてのアメリカ南部のプロレスをよみがえらせ、進化させたという大きな功績があると思います。
鹿島　こうやって、いまになってFMWが再評価されるっていうのがおもしろいですね。
斎藤　大仁田さんは海外修行時代、テネシーやプエルトリコでそういうものを学んできているわけです。エニウェアはテネシーで、有刺鉄線やファイヤーデスマッチはプエルトリコなんです。大仁田さんのワンマンショーはジェリー・ローラー的な世界観のオマージュでできていた。
――ベビーフェイスとしてのモチーフは、テリー・ファンクであり、テネシーにおけるジェリー・ローラーなんですね。
鹿島　でも海外修行中に自分の目で観たものを、日本に持ち帰ってこれだけ活かしてるって、素晴らしいですよね。
斎藤　20代の大仁田さんは「こりゃ凄いな！」って思ったんでしょう。でも帰国後、馬場さんの全日本のリングでは、テネシーで観てきたプロレスは再現できなかった。エニウェアとか、馬場さんは絶対にやらせないでしょう。
――そうでしょうね。ブッチャーが勝手にエニウェアしているぶんにはいいとしても（笑）。
斎藤　場外乱闘から売店になだれこんでいってとか、全部ダメでしょ。
――ジャイアントサービスの売店をめちゃくちゃにしたら、馬場元子さんがカンカンになりますよ！（笑）。
鹿島　それが自分でFMWという小さな団体を作ったからこそ、全開でできて、それが当たったわけですよね。だからいつどこで何が花咲くかわからないですよね。
斎藤　そこがまた、プロレスの素晴らしいところだと感じます。

「子どもの頃にもの凄く影響を受けたものを、いまのクリエイターがリスペクトを込めてリメイクするということですね」（鹿島）

――そんなFMWの試合で、いまアメリカで神格化されているのが、1993年に川崎球場でやった大仁田厚vsテリー・ファンクの史上初の時限爆破デスマッチですね。

斎藤　あの試合はクライマックスで時限爆弾が爆発してリングが煙で見えなくなったあと、リング中央で大仁田とテリーが重なり合ってる姿が徐々に見えてくるという名シーンを生みましたね。

――この試合がいまアメリカでめちゃく

ちゃフィーチャーされてるんですよ。時限爆破の威力自体は、テリー戦よりも天龍戦や引退試合のハヤブサ戦のほうが凄いんですけど、やっぱりアメリカのファンにとっては〝リビングレジェンド〟のテリー・ファンクがやっているってことが、より神格化される要因なんでしょうね。

斎藤 テリーは1983年に盛大な引退試合を行ったあと、1年後にあっさり復帰して、そこから日本ではあまり人気がない何年間があった。でも1989年にロングタイツにモデルチェンジして、WCWでリック・フレアーと抗争したあたりからまたモチベーションが上がって、90年代に入ると、中年になってヨレヨレになったテリーがもの凄く愛されたんです。

鹿島 それがまたおもしろいですよね。

斎藤 そしてポール・ヘイメンのオリジナルECWでは、リビングレジェンドのテリーを新しいムーブメントの象徴に位置づけた。当時のアメリカのインディーシーンは、テリーvsサブゥーでずっと全米を回っていたんです。どこの興行でもテリーとサブゥー以外はボクも知らないようなローカルレスラーしかいない状況。「誰これ?」っていうカードばかりで。

鹿島 それでもメインさえしっかりしていたら、興行は成り立つわけですよね。

斎藤 つまり初期FMWの〝大仁田厚〟なんです。

――なるほど。テリーvsサブゥーは、日本における大仁田vsターザン後藤であり、大仁田vsミスター・ポーゴなんですね。

斎藤 そして90年代前半に、テリーは再ブレイクのピークがきて、日本では大仁田厚がデスマッチ路線のピークを迎え、そのふたりが日本で爆破マッチを闘ったんだと思いますね。

――その一戦がアメリカのマニアには、伝説の試合になっているわけですね。

斎藤 当時からマニアの間ではニーズがあって、実際にあの頃、大仁田さんは「俺は電流爆破をアメリカに持っていきたい」って言っていたんです。1998年だったか、ECWのビッグマッチで大仁田厚vsサンドマンが決まりかけていたんです。ところが電流爆破を使うための消防署などへの申請が大変で、ポール・ヘイメンが「こんなに難しいの?」ってサジを投げちゃったんです。それで話が立ち消えになってしまったことがあったんです。

――アメリカは室内で爆破とか火を使う演出の許可を得るのが大変らしいですもんね。だからAEWでやった、ケニー・オメガvsジョン・モクスリーの電流爆破がショボくて、逆にそれによって大仁田の価値がまた上がってしまったっていう(笑)。なので大仁田厚は10月30日にアメリカで電流爆破をやるんですけど、規制のゆるい野外のスタジアムで、日本と同じ火薬を使ってやるみたいですね。

斎藤 今度こそ満を持してね。アメリカのコアなマニア層は、大仁田さんに白のタンクトップ、青のショートタイツ姿で来てほしいみたいなんですよ。

――いまの革ジャン姿じゃなく、かつての〝上島竜兵スタイル〟が観たいと(笑)。

斎藤 大仁田さんは90年代末に一度、羽織袴姿でECWに登場したことがあったんだけど、そのときポール・ヘイメンが「なんで青のタイツを持ってきてくれなかったんだよ……」ってボヤいてましたからね(笑)。

鹿島　レスラーにとってはいまの自分がいちばんなんだっていう。そこなんでしょうね。もの凄いヒット曲を持っている歌手が田舎に行って、最近出したばかりの曲を歌っちゃうんだけど、客が聴きたいのはやっぱりそのヒット曲なんですよ（笑）。

斎藤　アーティストとしては、昔のことばかり要求されるのが嫌なんでしょうね。

鹿島　ジュリーなんかもそうらしいですよね。

――誰もが聴きたい『勝手にしやがれ』とか『カサブランカ・ダンディ』は歌ってくれないんですよ（笑）。

斎藤　サザンも『いとしのエリー』はめったに歌わないんでしたっけ。

――でも大仁田厚の場合は、ライダースジャケット姿になってからの蝶野正洋戦もまた伝説の試合になっているんですよね。

斎藤　そうですね。ライダースとジーンズで、花道でタバコを吸っちゃうっていうルーティン。

――ジョン・モクスリーは、蝶野戦の大仁田の入場シーンがあまりにもカッコよすぎるってことで、自分もライダースを着て、入場曲を『ワイルドシング』にしちゃったという（笑）。

斎藤　モクスリーは大仁田さんのことが大好きらしいんです。しかし、あの大仁田vs蝶野からもう20年が経っているとは。

――さらに言うと、大仁田vsテリーから30年が経とうとしているという。

鹿島　それも凄い話ですよ（笑）。

斎藤　当時のテリーの年齢よりも、いまの大仁田さんの年齢のほうが上ですもんね。まあ、プロレス文化として、ジョン・モクスリーにしても、ケニー・オメガにしても、自分が少年時代に大好きで、繰り返し映像を観ていたものをそのままの形でやりたいんでしょう。

――本当の意味での〝オマージュ〟ですよね。

斎藤　映画『シン・仮面ライダー』のトレーラーが公開されましたけど、旧ライダー1号のオリジナルのオープニングとそっくりに作ってあるんですよね。あの感覚と同じだと思います。

鹿島　子どもの頃にもの凄く影響を受けたものを、いまのクリエイターがリスペクトを込めてリメイクするということですよね。

――そして、若い人にとってはそれが新しいんですよね。見たことがないものですから。

鹿島　ファッションにも似ていますよね。

斎藤　いまのファンと昔からのファンは対立しがちだけど、こういうリメイク、リバイバルは、お互いを尊重し合い、素晴らしいものを次世代に伝えていくためにはとてもいいことだと思います。

鹿島　ボクらおじさんも、自分たちが好きだったものが若者に受け入れられるとうれしいですからね（笑）。

プチ鹿島
1970年5月23日生まれ、長野県千曲市出身。お笑い芸人、コラムニスト。大阪芸術大学卒業後、芸人活動を開始。時事ネタと見立てを得意とする芸風で、新聞、雑誌などを多数寄稿する。TBSラジオ『東京ポッド許可局』『荒川強啓 デイ・キャッチ!』出演、テレビ朝日系『サンデーステーション』にレギュラー出演中。著書に『うそ社説』『うそ社説2』(いずれもボイジャー)、『教養としてのプロレス』(双葉文庫)、『芸人式新聞の読み方』(幻冬舎)、『プロレスを見れば世の中がわかる』(宝島社)などがある。本誌でも人気コラム『俺の人生にも、一度くらい幸せなコラムがあってもいい。』を連載中。

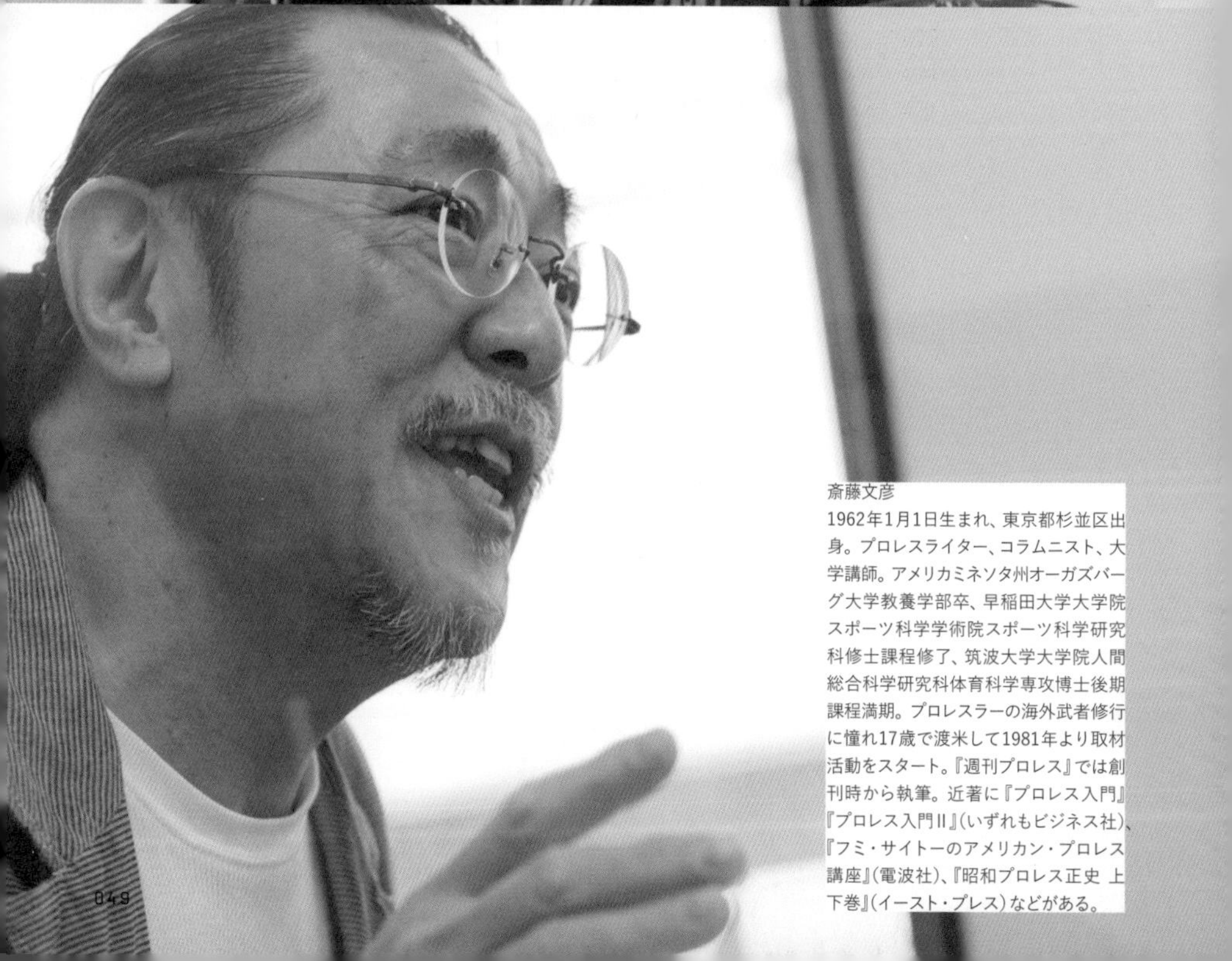

斎藤文彦
1962年1月1日生まれ、東京都杉並区出身。プロレスライター、コラムニスト、大学講師。アメリカミネソタ州オーガズバーグ大学教養学部卒、早稲田大学大学院スポーツ科学学術院スポーツ科学研究科修士課程修了、筑波大学大学院人間総合科学研究科体育科学専攻博士後期課程満期。プロレスラーの海外武者修行に憧れ17歳で渡米して1981年より取材活動をスタート。『週刊プロレス』では創刊時から執筆。近著に『プロレス入門』『プロレス入門II』(いずれもビジネス社)、『フミ・サイトーのアメリカン・プロレス講座』(電波社)、『昭和プロレス正史 上下巻』(イースト・プレス)などがある。

鈴木みのるのふたり言

第100回
ひとり全米サーキット真っ只中！

構成・堀江ガンツ

――鈴木さんが「ひとり全米サーキット」真っ只中ということで、今回の『ふたり言』は、リモートで行わせていただきます！

鈴木　ホテルのWi-Fiが弱いから、途中で切れるかもしれないけどね（笑）。

――活字なんで、そのへんは編集でなんとかします（笑）。アメリカに来てちょうど1カ月くらいですか？

鈴木　1カ月だね。最初にシカゴに行って、そのあとシンシナティ。それからロスに来て、次の週にニューヨークで試合して、新日本のダラスに行って、先週末はとんでもない連戦をやってきたんだよ。シャーロット、セントルイス、シャーロット、セントルイスっていうのを毎日やってたら、だんだんおかしくなってきたよ。だって寝てないもん。

――アメリカは国内でも時差がありますしね。

鈴木　でもいい経験をさせてもらっているというか、凄く楽しいね。キツイところが楽しいよ。アメリカ各地のプロモーションに出場して、毎回そこのチャンピオンクラスと闘ってるからね。

――かつてのNWA世界王者がやっていたことですね（笑）。

鈴木　向こうの関係者に言われたよ。「現代のプロレスにおいて、ひとりで全米を回ってるのはおまえだけだ」って。

――ホントにそうですよね。

鈴木　俺にとっては〝ひとりG1クライマックス〟だよ。ひとりだから、もう俺の優勝で決まってるけど（笑）。

――優勝おめでとうございます！（笑）。各地での反響も凄いみたいですね。

鈴木　どこの街に行っても、みんなが『風

になれ』を合唱するのがビックリだよ。

——そして『風になれ』がiTunes全米チャートを席巻する現象も起こって。

鈴木　あれは完全にAEW様々だよね。AEWのPPV大会（現地時間9月5日、イリノイ州シカゴで行われた『ALL OUT』）に俺がサプライズで登場したら、それがインパクトあったみたいでさ。中村あゆみさんから「アメリカでランキングに入ったよ」っていう連絡が来て、「あー、よかったね！」という話をしていたら、その翌日くらいには、なんとアメリカのI-POP部門で1位になったって連絡が来て。そこからさらに、いろんな国のJ-POPランキングで1位になって。「トリニダード・トバゴでも1位になりました！」とか聞いてビックリしたよ（笑）。あとはバーレーン、イタリア、イギリスとかいろんなところで1位になったって。

——凄い話ですよね、それは。

鈴木　まあ、iTunesのJ-POP部門なんで。海外でどのくらいの人がJ-POPに興味があるのか知らんけどね。

——でも、こういう現象はまさに現代ならではですね。

鈴木　そうだね。「この曲なんだろう？いいな」と思ったら、スマホひとつで世界中の人がパッと曲を買ってダウンロードできちゃうわけだからね。そして一夜にしてランキングを駆け上がると。昔みたいにレコード屋を回って探さなくて済むんだから。

——高校時代、たまたまラジオで聴いた中村あゆみさんの『翼の折れたエンジェル』のレコードを買うために、地元レコード屋のレジ前で、店員に鼻歌を聴かせてようやく手に入れた鈴木実少年からすると、隔世の感がありますね（笑）。

鈴木　いまはダウンロードだけど、あのときはCDですらない、レコードだから（笑）。

——今回の現象はもちろん海外での鈴木さんの人気が元にはなっているわけですけど、入場テーマ曲がこれだけ人気になるっていうのは、やっぱり曲の力ですよね。

鈴木　そうだね。向こうで『風になれ』をいいと言ってくれる人に「どこが好き？」って聞くと、「歌がいい」「メロディが好き」って言うからね。

——そしてAEWでの初試合となるジョン・モクスリー戦では鈴木さんの入場時、『風になれ』のサビの部分にいく前に曲が切られて、ちょっとした事件みたいになったらしいですね？

鈴木　そう。俺は曲のタイミングに合わせて入場するわけじゃん。だからイントロが始まってもしばらくはゲート裏で待っていたんだけど、そうしたらスタッフが凄い剣幕で来て、「時間がないから早く行け！」って言うんだよ。テレビの生中継だったから。でも俺は「早く行け！」って言ってるスタッフを「シャラーップ！」って怒鳴りつけてね（笑）。それでいつもと同じように自分のペースで歩いて入場したら、リングに向かう途中で曲を切られたんだよ。

——そこでタイムアップと（笑）。

鈴木　そうしたらリングサイドの客が怒り出してさ。あれは映像で流せないと思うよ。凄い怒ってたもん。顔を真っ赤にして、「なんだこれは！」って係員に怒鳴り散らしてたから。

——観客からしたら「カッゼーニーナレー！」って叫びたくてうずうずしてたところで切られたわけですからね。

鈴木　ホントだよ。

——テレビの生中継だから、入場で使える時間は決まってたんでしょうけど。

鈴木　そうなんだろうけど、そんなのは俺には関係ねえもん。俺は誰かの都合で入場や試合を触られたくないんで。だって入場して、試合をして、退場するまでが俺の作品だからね。それを命削って、身体張ってやってるんだから。テレビの生中継に入れるなら、俺の入場に時間が割けないなら、テレビの生中継に入れるなよって。逆に俺に合わせろって話だよ（笑）。

――それにしても『風になれ』という曲も含めて、アメリカのファンの間での浸透ぶりは凄いですね。

鈴木　ＡＥＷに出たときもそうだけど、アメリカでの新日本プロレスの浸透ぶりっていうのは、やっぱり凄く感じたね。

――しかも「ハードでクールなプロレス」みたいな感じで、凄くポジティブに捉えられてますよね。

鈴木　だって、俺が誰かを思いっきり殴るところを観たいって言うんだもん。

――だからビンタ1発、エルボー1発が凄く沸くわけですよね。

鈴木　あとは全体の動きを含めてだね。今回アメリカ各地で試合をして、プロレスについて再認識したこともたくさんあるよ。いまってプロレスが細かくなりすぎちゃって、先読みばかりのプロレスばかりになってるんだよね。先読み、先読み、先読みをしてチャッチャッともの凄い高い身体能力で攻防を展開する。

――複雑な切り返しの応酬なんかがよく見られますよね。

鈴木　そして上のほうに行く選手はみんななんでもできて、見た目もシュッとしてるという。その風潮は日本もアメリカも同じだし、ほかの国でもそうなんだけど、プロレスってなんか〝そこ〟じゃない気がするんだよね。それで思い出したのが、昔（アブドーラ・ザ・）ブッチャーに言われた言葉。「なんで最近のレスラーは、みんなボディビルの練習しかしてないんだ？　あれをやったらいいホーガンと悪いホーガンしか生まれないだろ。プロレスはホーガンがいて、ブッチャーがいるから仕事になるんだろ」って言われたとき、「この人、すげえこと言った」と思って。たしかにそうなんだよね。

――ほかの選手では取り替えがきかない、唯一無二の個性こそが大事ってことですよね。

鈴木　こっちでもプロレス中継を観る機会があったんだけど、みんなアスリートであることはいいとして、キックをしないヤツがレガースを着けてるのが普通だしね。

――ファッションのひとつとして。

鈴木　そう、ファッションのひとつなんだよ。あとはいま流行ってるのはロングタイツだし。みんな業界のトレンドを追ってるし、全員が〝足し算〟なんだよ。「個性」というものひとつを考えても「アイツは緑と黄を足してけど、俺は青を着けてるからアイツと違う」っていうモノの考え方なんだよね。

――トッピングが違うだけっていう（笑）。

鈴木　みんないろんなものを付け足して、建て増ししたらけの九龍城だよ。それに対して俺は何も着けてないもん。コスチュームは真っ黒だし、頭なんか坊主だし。結局アメリカのリングでも殴る蹴るしかしてないしね（笑）。

――あとはスリーパーで絞めて、パイルドライバーを決めて終わりという。

鈴木　だから国が違っても、俺がやることは一緒だよ。

――今回これだけ反響があると、「また来てくれ」とか「今度はウチに来てくれ」っていう話がたくさんあったんじゃないですか？

鈴木　行くところ、行くところであるよ。どこに行っても「次はいつ来れる？」って聞いてくるんで、「また呼んでくれたら来るよ」とは言ってある。まあ、ギャラは高いけど（笑）。

――となると来年以降、こういう機会は増えそうですね。

鈴木　どうだろうね。また行く気になったら行くよ。今回もＡＥＷで、ダスティン・ローデスとかＣＭパンクが俺と対戦したいって言ってきてくれたんで。だから機会があれば。

――めちゃくちゃ大物じゃないですか。

鈴木　俺のほうが大物だよ（笑）。

――失礼しました（笑）。今回ＣＭパンクと鈴木さんが同時期にＡＥＷにサプライズ登場したので、いますぐ絡まなくてもファンの間では「いつかこのふたりが」って感じで、潜在的なニーズが高まっていると思いますよ。

鈴木　まあ、やれたらおもしろいかもしれないね。でもそういう相手じゃなくても、なかなかしびれる刺激が毎日あるよ。俺に何かを仕掛けて、日本に来るきっかけにしたいっていう選手が凄く多いから。なんとかして俺をやっつけてやろうとして、必死で来るんだよね。おかげで胸とか腫れてボロボロですよ。

――「これがジャパニーズスタイルだろ？」みたいな感じで、相手も日替わりでバチバチやってくるわけですね。

鈴木　最後は俺がしばき倒すんだけどさ。ただ、こっちはアスレチックコミッションの力が強くて、試合前にいろんなレクチャーを受けるんだよね。

――これやっちゃいけない、あれやっちゃいけないとか。

鈴木　「イスを使うなら、こういう使い方はダメですよ」とか（笑）。それで俺はプロモーターから「おまえ、ちょっと来い！」って呼ばれて注意をよく受ける。「これはダメだから。気をつけてくれよ」って。

――学生時代に校則破りがちで先生に呼ばれる不良じゃないですか（笑）。でも今回のアメリカ遠征で、俺はまだまだ売れるぞ、もっと高みに行くぞっていう手応えをつかんだんじゃないですか？

鈴木　やっとこれからじゃないの。これから俺は売れるから。

――ますます世界市場が相手になってきそうですもんね。

鈴木　ハッキリ言って、今回反響がないのは日本のプロレスマスコミくらいだよ。俺がアメリカに来てからもう1カ月経つけど、取材で電話してきたのはガンツだけだから。

――え〜っ、そうなんですか⁉

鈴木　誰からも連絡がないからね。だから興味がないんだろうね。もしくはネットにいくらでも情報が転がってるから、自分で取材しなくてもいいと思ってるんだろう。専門誌とかネット記事を書いてる記者が、俺の番号知らないわけねえんだから。ま、おかげで日本の変な雑音に惑わされることなく、全米ツアーができてるよ。

――そして図らずも『ＫＡＭＩＮＯＧＥ』は、世界を席巻する鈴木みのるの独占スクープインタビューが取れたと（笑）。

鈴木　そういうことだよ（笑）。

――では次回は、帰国直後にお話を伺わせていただきます。

鈴木　帰国は10月末なんで、またやりましょう。久しぶりに日本語でベラベラしゃべれて、いい気分転換になったよ（笑）。

［第３代 RIZIN 女子スーパーアトム級王者］

浜崎朱加

［第３代パンクラス女子ストロー級王者］

藤野恵実

KAMINOGE CHAMPIONS SHOWDOWN

収録日：2021 年 10 月 4 日　撮影：タイコウクニヨシ
試合写真：©RIZIN FF　聞き手：井上崇宏

血が噴く!　骨が折れた!
凄絶な殴り合いを繰り広げた
ふたりが笑顔で再会 !!

「多くの人たちの前で
女子でも思いっきり殴り合える。
いい時代になりましたね」（浜崎）
「親に『絶対にケガはしないでくれ』
って言われてるのに。
バレたら発狂されるわ」（藤野）

「9年前に試合したときはお互いに打撃がそんなにできなかったから、まさに相撲vs柔道みたいな感じだった（笑）」（浜崎）

藤野　申し訳ないんですけど、もう体重が58キロまで戻っちゃっているので、今日は脱げないんです。

浜崎　誰も頼んでねえわ！（笑）。

――アハハハハ！　目を離すとすぐに肌を露わにしたがりますからね。まずは9・19『RIZIN.30』での大激闘、お疲れ様でした！（浜崎が3－0判定勝ち）。藤野さんは顔の腫れがだいぶひきましたね。

藤野　今回は鼻が折れて、目の奥にヒビが入ったのと、あとは口の中を切ったので縫ったんですけど。

浜崎　鼻を折ったのに全然腫れてないですね。

藤野　いや、腫れたし。ただ、折れ方がそんなにね。

浜崎　折れ方の問題なの？

藤野　放っておけばいいくらいの折れ方だったんで。

浜崎　凄いね。もう骨が折れることに慣れてるのよ（笑）。

藤野　口の中を縫ったあとに、どうしてもエビフライが食べたくなったので食べたりして（笑）。

浜崎　もう、やめて。もっと柔らかいものを食べてよ（笑）。私も鼻血と、口の中をちょこっとだけ切って、あとは拳がけっこう青くなりましたね。

――おふたりの闘いが3ラウンドずっとスタンド勝負で殴り合いになるなんて、思ってもいなかった展開でしたね。

浜崎　でも多少の批判もありますよね？「ボクシングじゃん」みたいな。

藤野　いやいや、総合だからなんでもいいんだよ。5分3ラウンドで全部グラップリングになろうが、何をやってもいいのが総合でしょうと思ってるから。

浜崎　まあね。

藤野　私の予想では1ラウンドは打撃、それで2、3ラウンドは浜ちゃんが組みに来るだろうなと思っていたんですよ。浜ちゃんはだいたいいつもそんな感じだから、最初に打ち合いをするけど後半は組みに来るんだろうなって。だからこっちの対策としては、組ませない、組まれてもすぐに立つ、それとアームロックを狙われないようにする、っていう感じでしたね。やっぱり一本が怖かったので、やるならスタンドの展開のほうがいいかなとは私は思ってました。

――じゃあ、最後までスタンドで闘えたことは藤野さん的にはよかったと。

藤野　そうですね。逆にこっちが組みに行ったら離れられたので、「離れるんかいっ！」と思って（笑）。

浜崎　私は試合前はノープランというか、そのときの流れで行こうと思っていたけど、「打ち合う」っていうのは試合前にも言ってたことだし、実際に打ち合ってるうちに楽しくなってきたので、結果的に最後まで打ち合いだけの試合になっちゃったっていう感じで。

藤野　でも1回だけ足をかけてきたよね？

浜崎　あっ、そう！　親方が組んできたときにね。

藤野　それで私がすぐに立ったとき、そのまま追ってこなかったから「今日は組みはやらないんだな」と思ったよ。体重が軽かったからか、私も自分が思っていたよりもスッと立ち上がれて（笑）。浜ちゃんの組みの強さは練習で知ってるんだけど、打撃はしっかりとやったことがなかったので、思ったよりもハンドスピードが速くて、パンチの威力があるなと思ったな。

浜崎　打撃って実戦で打ち合ってみないとわからないですもんね。9年前に試合したときはお互いに打撃がそんなにできなかったじゃないですか。まさに相撲vs柔道みたいな感じで（笑）。ただ、私は親方の打撃の強さは練習でも知ってたので、そこは凄く警戒して試合に臨みましたね。

藤野　3月の試合よりも打撃がうまくなってなかった？

浜崎　（浅倉）カンナ戦のときよりも？　あの試合はあまり参考にはしないでほしいんですよ。試合中に落ち着きがなかったというか、普通じゃなかったので。

藤野　あのときはけっこうめちゃくちゃにパンチを振ってたもんね。だから今回もそういう感じで来るのかなと思ってたら、しっかりと冷静に距離を取ってきて。でも私がもし自分とやるとしても、やっぱり距離を取ってしっかりと打撃を当てていくと思うんだよね。だから浜ちゃんもそうきたかと思って。

「私は最初から2－1の判定を狙ってた（笑）。絶対に接戦になるだろうから、なんとかポイントを持っていきたかった」（藤野）

浜崎　親方はずっと前に出てくるから、自分が思っているよりもヒットポイントが前になってパンチの威力が消されるんですよね。それがめっちゃ嫌で。

藤野　でも痛かったよ。

浜崎　痛いだろうけど、効くパンチっていうのは腕を伸ばしたときじゃないですか。だからめっちゃ前に出続けられるのはホントに嫌だった。

藤野　でも負けちゃって悔しいですよ。3ラウンドのチャンスで行かなかった自分をホントにぶん殴りたい。罰として脱いだほうがいいですか？

――罰として絶対に脱がないでください。浜崎さんは階級を

HOLY
SHIT

下げてきた藤野さんに対して、内心、フルラウンド行くだろうなっていう予測はありました?

浜崎 ぶっちゃけ、私は行くだろうなと思ってました。もちろんKO、一本を狙いに行くけど、ここまで頑丈な人もいないですから。一本を取るイメージも湧かないわけではないんですけど、練習でも親方から一本を取ったことって数えるくらいしかないんですよ。

藤野 私は最初からずっと2―1の判定を狙ってた(笑)。絶対に接戦になるだろうから、なんとかポイントを持っていきたいみたいな。

――すみません、『KAMINOGE』のくせに試合のことばっかり聞いて。浜崎さんには柔道エリートというキャリアがありますけど、藤野さんは大人になってから始めた運動が格闘技ってくらいの人で。そう考えると藤野さんって凄くないですか?

浜崎 なかなかいないっスよね。

――浜崎さんがよく言う、これからの時代はキャリアのスタートがMMAっていう選手が増えてくるだろうと。よくよく考えてみたら、藤野さんはそれの元祖ってことですよね(笑)。

浜崎 たしかに、たしかに。そうですね。

藤野 そっか。あまりいないか。でも修斗王者の黒部(三奈)さんもMMAスタートですね。

浜崎 あっ、そうだ。

藤野 しかも30過ぎてからのスタートなんで。

――黒部さんもたいがい凄いな(笑)。

藤野 だいたい柔道かレスリングをやっていたってコが多いですよね。

浜崎 あとは空手ね。でもいまAACCにいるコとかは、中学生で格闘技からっていうパターンが多いかも。

――キッズレスリングからの転身とかではなく、最初からMMAを習うことが目的で来ていると。

浜崎 そのあとにレスリングを始めるとかはあるから、やっぱりこれからMMAをやるコは増えてくるのかなっていう雰囲気はある。

藤野 昔は子どもがMMAを習えるところってなかったでしょ?

浜崎 なかったですね。だからその選択肢になかったからね。

藤野 大人でもそんなになかったもんね。道場自体の数がたいしてなかったから。

――浜崎さんにお聞きします。たとえば同じコが幼少期からレスリングや柔道、空手で鍛えたのちにMMAをやるのと、小さい頃からずっとMMAをやるのでは、どっちが強くなりますか?

浜崎　それはわかりませんね。
――素人考えだと、レスリングや柔道のほうが競技人口としては多いわけじゃないですか。そこで切磋琢磨したほうが格闘技としては強くなれるのかなと。
浜崎　たしかに柔道をやってるからこその力の強さとかもあると思うし、競技人口が多いということは競う相手が多いということなので、そう考えるとそうかもしれないですよね。結局はMMAスタートにしても、レスリングとかボクシングとかを全部やらなきゃいけないから。
藤野　MMAって繋ぎの部分で1個1個ができなきゃいけないから、どっちにしてもやらなきゃいけないんだけどね。
――壺の中に最初に何を入れるかっていう話で、たぶん浜崎さんは壺にけっこうな量の柔道が入っていて、そこにボクシングとかを注いだのがいまのスタイルですよね？
浜崎　そうですね。
――それで藤野さんは空っぽの壺にMMAそのものを注いでいったわけですよね。
藤野　でもまあ、最初が和術慧舟會だったので、ちょっと特殊ではありますけどね。MMAっていうほどMMAでもなかったなと思って。寝技ばかりやったりしてちょっと変わっていたというか、いまほどMMAという感じで確立されていなかったから。

「RIZINが始まって6年だから、強い若手が育つのにはまだ数年かかると思う。あと2、3年とか」（浜崎）

浜崎　親方は総合歴何年ですか？
藤野　ハタチか21で始めたから20年くらいかな。
浜崎　マジで？　私は柔道と総合を合わせても20年ないくらいですよ。
藤野　マジで？
浜崎　柔道は高校から始めて8年くらいなので。
――とにかく藤野さんはMMAという競技の向上と共に成長してきたってことですよね。
藤野　なんせ、寝技30秒ルールの時代からですからね。
浜崎　あっ、SMACK GIRL？　なんかそういうルールがあったらしいですね。
藤野　パウンドなしの、寝技が30秒以内。
浜崎　JEWELSも最初はパウンドなしでしたもんね。でも親方はVALKYRIEだったからパウンドはあったか。
藤野　あったね。
――いま見たら、当時の試合のグローブとか「えっ？」って形をしてますよね。
浜崎　あの頃ってデカかったでしたっけ？

藤野　だって最初の頃ってパウンドグローブみたいなやつで、私も「こんなんで試合すんの？」って言っちゃったもん。

浜崎　それはJEWELSで？

藤野　うん。浜ちゃんとの試合のときに。グローブのアンコが厚すぎて「こんなの無理ですよ」って言ったら、次のときから薄いやつに変わって、それで眼窩底骨折をする選手が続出しちゃったっていう。だからケガさせないためのパウンドグローブだったのかって。昔は女子が顔面を殴って流血とか、そういうのはあまりやらせてはいけないっていう風潮だったんで。

浜崎　佐伯（繁）さんも女子のパウンドとかに否定派だったんですよ。

藤野　SMACK GIRLのときからそうだったんですよ。女子に危ないことはさせないし、観てる人もそれは求めてないからって。そういう初期の頃から10年くらい前までは、女子が殴り合いをするのはあまり観たくないっていう風潮が強かったんで。

浜崎　時代は変わりましたね、いい方向に。

――思いっきり殴り合えるいい時代になりましたね。

浜崎　いい時代ですよ、ホントに（笑）。

――でも今回、ベテランのおふたりのああいう試合を観て、ボクは逆に女子格闘技の未来が心配になりました。

浜崎　どういう意味でですか？

――浅倉カンナ選手なんかはがんばっていて、凄く強くなっていると思うんですけど、浜崎さんたちと肉迫するほど闘える選手ってあと誰がいるのかなって。そして、それって浜崎さんにとっていいのか悪いのか。

浜崎　悪いでしょ。

藤野　競技人口は増えてるのにね。

浜崎　でも、そういう若手が育つのにはまだ数年かかると思う。だってRIZINが始まってから6年だから。

藤野　でも、その前にもDEEP JEWELSとかあったからちょっとずつは増えてはきてたじゃん。それはどこに行ったの？

浜崎　でもRIZINみたいなテレビでもやってるような華やかな場所っていうのを目指す人のほうが多いんじゃないですかね。それを観て、いまから始めたとしてもまだもう少し先だと思う。あと2、3年とか。

藤野　みんなモテたいからやってるんでしょ。

浜崎　えっ、女はいないでしょ？

藤野　そんなにはいないか。私と黒部しか聞いたことがない（笑）。

浜崎　えっ、そうなの!?　モテたいからじゃないでしょ、親方は格闘技が好きだからやってるのよ。ウソですよ、みなさ

ん！　親方はモテたいからやってるわけじゃないよ！（笑）。

藤野　いえ、モテたいからです（笑）。

――アハハハハ！

浜崎　なんでそんなことを言うかなあ……（笑）。でも親方は結婚してるんだからモテなくてもいいじゃん。

藤野　そこにＲＩＺＩＮができてからは「有名になりたい」っていうコたちも出てきて。

浜崎　それも多いでしょうね。

藤野　ＤＥＥＰ ＪＥＷＥＬＳでもちょっとしたアイドルみたいにはなれるから、そういう目的でやる人は増えたんじゃないですかね。

「思った以上に観てくれた人が多かった。どうせ試合をやるからには、たくさんの人に観てほしいじゃないですか」（藤野）

――でもテレビでこれだけやってたら、もっと他競技からガチでやってやろうっていう人で溢れてもいいような気がするんですけどね。

藤野　あっ、でも魅津希ちゃんとか村田（夏南子）さんみたいに強いコはＵＦＣに行ってるじゃん。

浜崎　そうですね。そのあたりはそうですよね。

藤野　私もUFCに行きたかったですよ。
——一時、浜崎さんも目指してましたもんね。
浜崎　まあ、階級の問題がデカくて難しかったですけど。
藤野　でも「強くなりたい」で始めてたら、いちばん強いところに行きたいってなるのは当然だよね。
——浜崎さんはInvicta FCで世界王者になってからのRIZIN参戦でしたけど、世界の舞台と、日本全国にゴールデンタイムで流れているようなイベントの違いってなんですか？
浜崎　まず、Invictaは海外でしかやっていないので、普通に時差ボケがキツかったんですよ。試合の4日前に現地に入るんですけど、全然治らないから1日中ずっと眠くて、試合の直前まで眠いんですよ。そんなキツさがあったり、最後のInvictaでの試合は2日前にぎっくり腰になって、コンディションが悪い状態のまま出たりとかが当たり前で。それで欧米とかで試合をやるのはけっこうキツイなって思い始めた頃に、ちょうどRIZINが日本で盛り上がっていたので「出たいな」っていう気持ちもありつつ、「Invictaで何回か王座を防衛しなきゃいけない」という責任もあったので。
——それは契約でですか？
浜崎　契約ではなくて、自分の中で「ベルトを獲るだけじゃなくて、何回か防衛したい」っていう気持ちですね。そうじゃないと本当の世界一っていうのは証明されないんじゃないかっていう気がして。それで違いは何かって言うと、やっぱり日本国内での知名度はＲＩＺＩＮでやったら一気に上がりましたよね。「本物を観てほしい」っていう気持ちもあった中、私がアメリカで試合をしていたっていうことを知らないＲＩＺＩＮファンも多いと思いますけど。だからまあ、どこを目指すかなんですけど、ＲＩＺＩＮにも初期の頃よりも強い選手がいっぱいいますから。

――藤野さんも今回ＲＩＺＩＮに初参戦して、新たな価値観を手にしたというか、気づいた部分も多かったんじゃないですか？

藤野　そうですね。可能性的にもうＵＦＣには行けないとなったときに、出させてもらっていたパンクラスでベルトを獲ることができて、「これからどうしようかな」ってなっていたんですよね。そんなときに今回のチャンスをもらって、やっぱり「思った以上に観てくれる人が多いんだな」って思いましたね。どうせ試合をやるからには、たくさんの人に観てほしいじゃないですか。

浜崎　そうですよね。私もそれこそＲＩＺＩＮに出させてもらうようになってから、たくさんの人から応援してもらえるようになって。それはやっぱりモチベーションとかが違いますよね。練習とかに対するモチベーションとかではなく、応援してくれている人のためにもがんばろうっていう気持ちは増えた気がします。

――以前はとにかく自分が勝つことだけが目的だったのに。

浜崎　だから目に見えるくらい増えたんですよね。「浜崎さんの試合を観て元気をもらってます！」とか「試合を観るために当日まで仕事をがんばります！」っていう声をかけてもらえるようになって、凄く応援してもらってるんだなっていうのを実感するようになったんですよ。そんなふうに言われたら「がんばらなきゃ」ってなるじゃないですか。こっちも元気をもらえるっていうのがホントにありますね。Ｉｎｖｉｃｔａのときはホントに自己満足だったので、「べつに応援してもらわなくてもひとりでがんばるし」っていう感じだったんですけど（笑）。試合って結局はひとりじゃないですか？　チームではありますけど、闘うのはひとり。だから「べつに誰のためでもなく、自分のために世界一になってやる」っていう感じだったんですけど、やっぱりＲＩＺＩＮに出るようになってからはそういう意識が変わりましたよね。

――自分が好き勝手にやっていることに対して、「勇気をもらってます」なんて言われるのはうれしいですよね。

浜崎　ホントにうれしいです。ファンの人ってホントにありがたいですよ。尖っていたときは「いや、応援なんかいら

ねーよ」みたいに思っていたんですけど（笑）。

——藤野さんはこれからもRIZIN出場は確定ですよね。まだそんな話にはなっていないですか？

藤野　いまのところは何も決まってないですね。気持ちとしては、あともうちょっとだけ試合をしたいなと思っていますし、パンクラスで防衛戦もやりたいし。さっきの浜ちゃんの話じゃないけど、まだベルトを獲っただけの状態なので。パンクラスに対しての恩や感謝もあるし、1回は防衛したいなって。とにかくあと数戦はやりたいですね。

——しかし藤野さんって、裕福な家庭でお嬢様として育てられたはずなのに、どうしてこんなマッチョになっちゃったんですかね。

藤野　べつに家柄はよくないですからね。お金を持っていたってだけで。

浜崎　おー、カッコいい（笑）。

藤野　ウチは親もけっして品はよくないですね。

浜崎　お母さんが朝からお酒を飲んでるんでしたっけ？

藤野　うん。だからがんばって私のことをお嬢様にしようとしたんだけど、もともとの血があるから無理だったたっていう（笑）。

浜崎　あれ？　格闘技をやってることは親にはもうバレてるんですよね？

藤野　バレてる。だから今回の試合で、ウチの親が弟に「これでようやく辞めてくれるだろ」って言ったらしいよ（笑）。でも弟が「いや、まだたぶんやるよ、あの人」って言ったら、もの凄くつらそうな顔をしてたって。

——ご両親は藤野さんの試合を1試合も観たことがないんですよね？

藤野　ないです。今回も観てないです。ホントに観たくないらしくて、早く辞めてくれっていう感じなんで。

——でも会話の中で「鼻を折っちゃった」みたいな話にはならないんですか？

藤野　いやいや、そんなの言うと怒られるんで言わないですよ。「絶対にケガはしないでくれ」って言われてるんで、「ケガはしないよ。ちょっとアザができるだけだよ」って言ってるんですから。

「唯一読んだことがある本が『東京タワー』。あの本がなかったら、私はいまここにいないと思います」（浜崎）

——SNSとかもまったく見ていない感じですか？

藤野　見ないのにまわりの人がわざわざチクリを入れるからバレるんですよ。

浜崎　じゃあ、1回親方の試合を観せようよ。今度、会場に来てもらいましょう。

藤野　いや、絶対に来ないよ。観たら発狂するわ、マジで（笑）。

浜崎　親方とは全然違うタイプなんですね。

藤野　いや、ウチのおかんはビビるくらい喧嘩っ早いから。浜ちゃんのところは毎回観に来てるの？

浜崎　コロナになってからは来ていないですけど、それまでは来てましたね。まあ、東京に遊びにっていう感じですね。

藤野　あっ、浜ちゃんは殴られないからいいのか。

浜崎　でも最初は観てられなかったのが、徐々に慣れたみたいですね。

——浜崎さんの親御さんはね、娘が格闘技で更生をしてくれて喜んでいるくらいなんですよ。

浜崎　いやいや、普通だから（笑）。いや、柔道を始めたときはどうだったかな……？

藤野　そんなひどかったの？

浜崎　いやいや、違います。親に通わされていたピアノを辞めたくて、それで友達がやっていた柔道を始めたんですよ。それが小6くらいなんですけど、中学校にあがっても柔道は週1くらいしか行ってなくて。それで行ったとしても体育館の屋根に登ってサボってたりとか。だからちゃんと柔道を始めたのは高校からですね。まあ、勉強はできなかったもんなあ。

藤野　私は勉強はできた。

浜崎　ウソでしょ？

藤野　勉強は好きだったのよ。ずっと学校でだいたい1位とか2位で。

浜崎　ウソー!?　凄いね！

藤野　テストで普通に100点とか取ってたもん。

浜崎　マジで？　待って、最近の中でいちばん驚いたかも！親方、凄いじゃん！

藤野　いまは脳細胞がだいぶ死んだから無理だけど、勉強なんて覚えればいいだけじゃん。

浜崎　いや、普通はそれができないんですよ。天才やん。

藤野　文系の頭だったので数学とかはちょっと難しかったけど、国語とかは得意なんですよ。

浜崎　そもそも私は字ばっかの本を読んだことがあまりないんですよ。

藤野　私は本を読むのが大好きで、それで目が悪くなったんだもん。

浜崎　カッコいい……（笑）。ちょっと待って、意外すぎ。親方が本を読んでるところなんて見たことがないんだけど。

——浜崎さんがいちばん感銘を受けた本はなんですか？

浜崎　『東京タワー～オカンとボクと、時々、オトン～』（笑）。
――おー、リリー・フランキー。
浜崎　あれが唯一読んだことがある本ですよ。
――だからいまパッとタイトルが出たんだ（笑）。でもあれは名作ですもんね。読みやすいし。
浜崎　リリー・フランキーさんが好きだったのと、本を読む女子になりたくて買って読んでみたんですよ。上京する前だったんですけど、あれを読んで「あっ、東京に出よ」と思ったんですよ。
――えっ、それは初耳ですよ。
浜崎　いや、なんかで言ったことがありますよ。『東京タワー』っていう本がなかったら、私はいまここにいないと思いますから。
藤野　リリー・フランキーって凄いね。あれ？　カメラマンさんはもう帰っちゃった？
浜崎　だから脱ごうとしなくていいのよ～。

浜崎朱加（はまさき・あやか）
1982年3月31日生まれ、山口県山陽小野田市出身。総合格闘家。AACC所属。
高校から本格的に柔道を始め、純真女子短大在学中の2001年に全日本ジュニア柔道体重別選手権で準優勝して全日本強化指定選手に選ばれる。その後ケガで柔道を引退し2008年にAACC入門、藤井惠のもとでMMAのトレーニングを開始する。2010年12月17日『JEWELS 11th RING』の初代ライト級女王決定トーナメント決勝でハム・ソヒを3-0の判定で破って王座獲得。さらに2015年7月10日『Invicta FC 19』でのInvicta FC世界アトム級タイトルマッチでエリカ・チブリシオを破って王座獲得。2017年7月に同王座を返上して2018年5月よりRIZINに参戦。アリーシャ・ガルシア、黒部三奈を撃破すると同年大晦日に浅倉カンナを破ってRIZIN女子スーパーアトム級初代王座を獲得。2019年12月31日『RIZIN.20』にてハム・ソヒに判定で敗れ王座陥落。2020年12月31日『RIZIN.26』で山本美憂を破って第3代王者となる。2021年3月21日『RIZIN.27』で浅倉カンナに判定勝ちを収め初防衛に成功。9月19日『RIZIN.30』では藤野恵実から判定勝ちを収めた。

藤野恵実（ふじの・えみ）
1980年11月17日生まれ、愛知県豊橋市出身。総合格闘家。トライフォース赤坂所属。
大学生のときに和術慧舟會に入会して格闘技を始める。アマチュア大会出場を経て、2004年3月20日にスマックガールでのせり戦でプロデビューして判定勝ち。総合格闘技だけでなくキックボクシングやシュートボクシングにも参戦し、藤井惠、WINDY智美、浜崎朱加、長野美香、富松恵美、RENAなど強豪日本人選手と対戦。アメリカのWSOFではジェシカ・アギラーとタイトルマッチで対戦するなど女子格闘技の黎明期より活躍する。2019年12月8日、『PANCRASE 311』にて行われたパンクラス女子ストロー級暫定王者決定戦でチャン・ヒョンジを破り悲願のチャンピオンベルトを手にする。RIZIN初参戦となった2021年9月19日『RIZIN.30』で浜崎朱加と対戦して判定負けを喫する。趣味は飲酒。

HOLY SHIT

［KNOCK OUT-BLACK 女子アトム級王者］

ぱんちゃん璃奈

KAMINOGE FIELD OF VIEW

収録日：2021年9月29日　撮影：タイコウクニヨシ
試合写真：©RIZIN FF　聞き手：井上崇宏

キックで人生どん底からの大逆転!
無敗のキューティー・ストライカーの素顔。

「キックボクシングに触れたときに
『あっ、これだ!』と思ったんです。
それまで死んだような生活をしていたので
生きてる実感が凄くあって。
練習も楽しいし、強くなっていってることが
自信に変わるのも楽しいし、殴ることも、
殴られることも、そのすべてが楽しかったんです」

「家が3つあって、ちっちゃい頃からブランド服を着させてもらったりとかして贅沢三昧でしたね」

――このタイミングで初めてお取材をさせていただくんですけど、我々はけっしてミーハーな者ではないということをご理解いただけたら（笑）。

ぱん　アハハハハ。よろしくお願いします（笑）。

――まずは先日のＲＩＺＮ初参戦での勝利、おめでとうございます。

ぱん　ありがとうございます。あんなに大きな舞台に立てるっていうことが信じられなくて、試合前に感慨深くなっちゃいました。さいたまスーパーアリーナには去年の大晦日に（朝倉）海選手の応援で行っていて、９カ月後、まさか自分がリングに立っているとは思っていなかったので。

――出場をアピってたとはいえ（笑）。

ぱん　「まだまだ先の話かな」って思っていたので（笑）。ホントにビックリしましたし、めちゃめちゃうれしかったし、遅くして格闘技を始めたこととか関係ないんだなって思いましたね。

――判定勝ちだったので、試合後のマイクが「倒せなくてごめんなさい」みたいなトーンだったわけですけど、そこでつい自分の口から「華だけじゃなく……」って言ってましたよね（笑）。

ぱん　あっ、それはけっこういろんな人から突っ込まれました（笑）。今回は話題や華とかルックスのほうで呼ばれてるって言われちゃっていたので、そこじゃなくて実力を示していける選手になりたいっていうことをアピールしたかったんですけど、言い方的に自分で言ったらおもしろいですよね。「華だけじゃなく実力が伴う選手になりたいです」って、華があることは自分でも認めちゃっていて（笑）。

――「華はもう十分あるんですけども～」って（笑）。

ぱん　自分で言っちゃダメですね（笑）。やっぱり実力でワーッと盛り上がってもらえる選手になることが私の夢ですし、実力も徐々に示してきているつもりなんですけど、あそこで倒せなかったってことは、まだ足りないなって思います。

――ただ、相手が百花選手という実力者だったこともあって、「ぱんちゃんってガチで格闘技をやってるんだ」っていうのはＲＩＺＩＮのファンにも凄く伝えられたような気がするんですよね。

ぱん　あっ、それは私も思いました。今回はポイントを狙わずに自分から前に出て行ったので、いままでの試合の中でいちばんおもしろかったですし、絶対に組まない、クリンチとブレイクを減らしてずっとバチバチに打ち合うって決めていたので、観やすくもあり、おもしろくもあったのかなと思いますね。

――「ここに来るまで早かった」とおっしゃいましたけど、ボクらからしても「ある日、突然現れたぱんちゃん」っていう感覚で。

ぱんちゃん そうですよね（笑）。

――27歳でこれまで12戦して全勝。

ぱんちゃん デビューが24歳の終わりなので遅いんですよ。

――意外とキック以前の経歴が謎のベールに包まれていません？

ぱんちゃん えっ、そうですかね？　じゃあ、なんでも聞いてください（笑）。

――なんでも聞きますね。ぱんちゃんは大阪府豊中市出身ということですけど、生まれも育ちも豊中ですか？

ぱんちゃん いえ、正確には生まれは兵庫県西宮市ですね。ちっちゃいとき、兵庫と大阪に3つくらい自宅があって。

――えっ、自宅が3つ？

ぱんちゃん 「夏休みのときはこっちの家に住もう」とか「寒い冬の時期はこっちに住もう」とか転々とする感じで、とにかく家が3つあって（笑）。最初は西宮市内に一戸建ての家があって、そのあと豊中にも家を建てて、吹田にもマンションがあって。

――お父さんはどんなお仕事をされていたんですか？

ぱんちゃん 美容関係のエステとか、宝石とかそっち系の経営をしていて。

――それでかなりの成功をされていたと。

ぱんちゃん 遅くしてからの成功なんですけど。もともと両親ともに家庭が凄く貧乏で、お母さんは家がなくてプレハブで生活をしていたりとか、お父さんはジーパンが1本しかないから土日はそのジーパンを洗ってパンツ1枚で過ごすみたいな。あとはノートが1冊しかないから薄く文字を書いて、書き終わったら全部消してまた使ったりしてたって言っていましたね。6人兄弟でホントに家にお金がなかったらしくて、「家に食べるものもないくらい大変だった」って言ってました。

――それはかなりのハングリーさですね。

ぱんちゃん そのくらい貧乏だったみたいなんですけど、大阪に出てきて会社を経営とかするようになって。

――お父さんは一代でがんばられたんですね。自宅が3軒もあるってことは相当裕福な感じですよね。

ぱんちゃん だから両親には「子どもには裕福な暮らしをさせたい」っていう気持ちがあるので、ちっちゃい頃からブランド服を着させてもらったりとかして贅沢三昧でしたね。ウチは3人きょうだいなんですけど、全部新品のものを買い与えてもらったり、ポップコーンを買うのにも食べ切れなくてもひとりに1個ずつ与えてもらったりとか。なので食べ物とかでケンカをしたことがなくて。

「ケガで部活を辞めたら授業中に心臓がバクバクするようになって、学校に行くっていうことができなくなったんです」

──ぱんちゃんは3人きょうだいの何番目ですか？

ぱん　いちばん下です。兄、姉、私で3人年子です。

──末っ子となるとその中でも特に甘やかされて。

ぱん　めっちゃ甘やかされましたから、とにかくわがままでしたね。それがまかり通って、こんな性格になっちゃって（笑）。ちっちゃいときはあまり我慢というものをした記憶がないですね。

──通われていたのは普通の学校ですか？

ぱん　小学校は公立で、中学は受験をして関西大学第一中学校に行きました。

──関大の附属中学があるんですね。

ぱん　中・高・大ってあるんです。人生がうまく行っていれば上がっていく予定だったんですけど（笑）。

──エスカレーターを昇り切れなかったと（笑）。

ぱん　基本はよっぽどのバカじゃないかぎり上がれるんですけど、自分からあきらめましたね（笑）。

──どこでエスカレーターを降りたんですか？

ぱん　高1ですね。

──めっちゃ早い（笑）。あっ、ということはそこで中退ですか。

ぱん　意外と厳しくて、ズル休みを年5回するともうダメなんですね。5回×3年間で15回ズル休みしちゃうと大学に上がれないんですけど、それを聞いて「よし！」と思ってわざと休みましたね。

──あっ、辞めたくて。

ぱん　大学に行くつもりもなかったので辞めたかったんです。中学のとき、最初は水泳部だったんですけど、中3の9月から陸上を始めて「大阪でいちばんを獲ってやろう」と思ったんですね。だけどすぐにケガをして9カ月間走れなくなって、それでもう無理だと思って、部活を辞めた途端に学校に行く意味がわからなくなってしまって。

──陸上の種目はなんだったんですか？

ぱん　長距離です。正直言って、学校は部活以外のことは楽しくなかったんですよ。部活一本で、部活のためにいろんなことを我慢していて、友達があまりいないし、勉強もついていけなくなっちゃっていたから成績もヤバいし。それで部活がなくなった瞬間に授業中に席に座っていると心臓がバクバクするようになって、どうしたらいいのかわからなくて、「私は生きる価値がない」と思っちゃって、授業中も抜け出しちゃうようになって。そこからグレたとかじゃなくて、とにかく学校に行けなくなっちゃったんですよね。

——いまならなんらかの病名なりがあって、理解を得られそうな現象ですね。

ぱん　でも、そのときはまわりにそういうコもいなかったので誰からも理解してもらえなくて。学校に無理やり連れて行かされたりもしていたんですけど、学校に行くっていうこと自体ができなくなったんですよ。それは何か決定的な出来事とかがあったわけじゃなく、とにかく部活を辞めて自信をなくしちゃったっていう感じですね。それで学校に1回行かなくなったら、気持ちが凄くラクになっちゃって。

——自分の中で原因がわかりますよね。「ああ、学校が無理なのか」って。

ぱん　だから「学校に行かずに自分を休めてあげたいな」と思って。ずっと学校が嫌いだったけど中学3年間はがんばった、でも部活がないならもうがんばらなくてもいいなって。それが15歳のときですけど、親とかまわりの大人は何がなんでも学校に行かせようとするので、そこで凄い対立があって、そのときがいちばんしんどかったですね。それで反抗期というか親からも理解してもらえないから、そこから自由を求めたくなっちゃって、17歳からひとり暮らしをするようになったんですけど。

——17歳でひとり暮らしって、普通は許されないことじゃないですか。

ぱん　強硬手段でわざと家に帰らないような生活をして、親から「どこにいるかわからないのは危ないでしょ」みたいな感じで言われたので、「それならここに家を借りるから、これに判を押して」って言って。お母さんも私がどっかにフラフラと遊びに行くんだったら、家にいてくれたほうがいいということで契約をしてくれました。

——じゃあ、その歳で自活されていたってことですか？

ぱん　いや、家賃は親が払ってくれていました（笑）。

——ぱんちゃんはいい物件を見つけてきただけ（笑）。このあたりは豊中での話ですよね。高校を辞めて自宅近くでひとり暮らしをして、どんな生活が始まるんですか？

ぱん　なんか毎日ひきこもって、ニートみたいな生活をしていましたね。いくつか仕事をやったりもしたんですけど。

「18歳からハタチくらいまではパチンコ屋にめちゃくちゃ通ってました。彼氏ができてもパチンコデートでしたから（笑）」

——どんな仕事をしていたんですか？

ぱん　アルバイトでいろんな仕事を転々としましたね。いままでで40個くらい。だいたいどれも1カ月くらいしか続かないんですけど。

――40種類の仕事をやろうと思ったら、スパッと短期じゃないと物理的に無理ですもんね（笑）。どうして仕事が長く続かないんですか？

ぱん　愛想がいいので面接で採ってはもらえるんですよ。それで最初は仕事ができなくても愛想がいいので「あっ、いいよ、いいよ」って言ってもらえるんですけど、そこからカバーしきれないくらいのミスをし始めて、シフトを入れてもらえなくなっちゃうっていうパターンですね（笑）。どんな職場も最初は週4とかで入れてもらえていたのが、だんだんと週1の2時間とかになっちゃって。それで最初に働いた居酒屋なんかは月8000円とかだから、親からもらっているお金のほうが多いなって。居酒屋の仕事がいちばん難しかったですね。

――何が難しかったですか？

ぱん　居酒屋は覚えることが多すぎて。この商品のときにはスプーンをつけるとか、この商品のときにはフォークをつけるっていうのが覚えられなかったり、オーダーミスが多かったり、単純にお皿を割っちゃったりとかもあるし。居酒屋2店舗、カラオケ2店舗で働きましたけどダメでしたね。それでパチンコ屋も2、3店舗で働きましたけど、パチンコ屋は好きでしたね。

――パチンコ屋は肌が合ったんですか？

ぱん　まあ、パチンコが好きだったから（笑）。

――あの空間を愛せたと（笑）。パチンコが好きな人って、見るのも好きなんですか？

ぱん　見るのも好きですね（笑）。仕事中に新台の演出とかを見ているのが楽しかったですし、自分でも18歳からハタチくらいまではめちゃくちゃ通ってましたし。開店の朝10時から並んで閉店の夜10時までずっと。週6、7で。

――バイトする時間なんてないじゃないですか（笑）。

ぱん　ギャンブルは当たった瞬間とか刺激的ですからね。10万負けからの10万取り返しとか。

――ボクはパチンコは学生時代に何度かやったことがある程度なんですけど、ハラハラドキドキですげえ疲れるじゃないですか。

ぱん　それです。生きてる感じがしますよ、たしかに（笑）。

――生きてる感じがしました。

ぱん　家族からも言われたのが、私はパチンコの話をしているときがいちばん輝いていると。だからお母さんもやることに反対はしなくて、どっかにフラフラと遊びに行くよりもずっとパチンコ屋にいてお金をなくすくらいのほうが絶対にいいからって。ずっとお母さんは心配だったみたいですね。それで兄と姉は私の生存確認をする意味もあって、毎日パチンコ屋に来るんですよ。

――たくさん家がある意味なし（笑）。

ぱん　兄たちは大学生なのでお昼とか夕方から来て、帰りに一緒にご飯を食べて帰ったりして。それでたまにお母さんも「璃奈、元気にしてるか～？」ってパチンコ屋に来て手を振ったりとか。私はハマっちゃったらとことんなので、彼氏とかができてもパチンコデートでしたから（笑）。一緒のノリ打ちとかして「イエーイ！」って。「デート行こう！」「じゃあ、どこの店舗に行く？」みたいな。『新台出るよ！』「あそこがイベントだよ！」ってクルマを走らせてデートをして。

――じゃあ、パチンコ屋の仕事は長続きしてもよさそうですけど、そうでもないんですよね？

ぱん　出玉を間違えて、隣の人の玉を交換しちゃったりしちゃうんですよ（笑）。

――最悪じゃないですか（笑）。

ぱん　それとか足が滑っちゃって出玉を全部ひっくり返しちゃったりとか。そうして最終的に手を振る係になっちゃったんですよ。

――お客さんのお見送りですか？

ぱん　そうです。ずっと手を振る係になって、「これってなんの仕事だろ？」って思うようになって。それでたまにお店にコンパニオンの人が来ていたんですけど、パチンコのってワンピースを着て飴ちゃんを配るだけで時給5000円とかなんですね。どうせならそれをやりたいなと思って応募したら受かったので、コンパニオンの仕事を始めて。実質稼働が3時間で2万円くらいもらえましたね。

――パチンコをやるよりも全然よさそうですね（笑）。

ぱん　飴ちゃんを配りながら台の凄い演出も見られるからいいなと思って、ハタチからはコンパニオンをやっていましたね。

「心機一転、新しい自分に生まれ変わりたいと思って、名前を変えるために市役所に行ったんですけど変えられなくて」

――学歴としては高校中退のまま終わりですか？

ぱん　いえ、あとから高卒認定は取りました。中退したのは学校に行きたくなかっただけで、そこまでバカでもなかったので（笑）。いつか大学に行きたいと思うことがあったときに行けたらいいなと思って、高卒の資格を取りましたね。

――それでコンパニオンをしてからは？

ぱん　そこからもいろんなことをやりましたね。コンパニオンのときに声をかけていただいて、モデルをちょっとやってみたり、その延長で舞台に出たこともあったし。あとはコー

ルセンターでも働いていました。コールセンターがいちばん長く続きましたね。2年半くらい。

——それも大阪時代ですか？

ぱん　大阪時代で、東京に来てからもコールセンターで働いていました。しゃべることが好きだったので。

——いや、コールセンターってめちゃくちゃストレスが溜まるところじゃないですか。

ぱん　みんなそう言うんですけど、アポイントのほうだったのでまったくストレスが溜まらなくて。それと職場の人に怒られるのは嫌ですけど、知らない人から怒られるのはなんとも思わないから（笑）。

——会うこともないし。なぜ東京に出てきたんですか？

ぱん　なんか環境を変えたかったんです。まず、ハタチのときに「名前を変えたい」と思ったんですね。

——えっ、名前を？

ぱん　心機一転、新しい自分に生まれ変わりたいと思って、名前を変えるために市役所に行ったんですけど、「正当な事由がないのでできません」って言われて。

——なんて名前にしたかったんですか？

ぱん　「リアルに生きる、現実を生きる」っていうことで「りある」って名前にしたかったんですよ。ひらがなで。

——名字は岡本さんですよね。「岡本璃奈」っていい名前ですけどね。

ぱん　でも、あんまり気に入ってなくて。それで「岡本りある」に変えられなかったので、名前を「ぱんちゃん」にしたんですよ。まあ、あだ名なんですけど（笑）。

——ぱんちゃんっていうのは、『ドラゴンボール』のパンに似てるからという由来ですよね。

ぱん　はい。10代での人生があまりよくなかったので、区切りとしてハタチから違う道を行きたいみたいな。それで名前を変えることをお母さんに言ったら、「あっ、いいんじゃない」って言ってくれたんですけどね。

——お母さんは改名に賛成。

ぱん　いろいろと不運が続いていたので、「璃奈っていう名前が縁起が悪いのかもね。名前を変えてイチからやり直してみれば」って感じで賛成してくれたんですけど、結局変えられなかったから凄く落ち込んで。

——それで自分で「ぱんちゃん」と名乗り始めたと。

ぱん　名乗り始めてからは、家族も含めてみんなから「ぱんちゃん」って呼んでもらって。それでいろいろと活動をしていたんですけど、やっぱり「うーん……」って感じで今度は環境を変えたいなと思ったんですね。それで知らないところに住んでみようと思って、東京に来たっていうだけですね。思いつきで東京に来ました（笑）。

――なんのあてもなく？

ぱん　そうですね。あとはタイミング的に彼氏と別れたこともあって「大阪はもういいかな」っていう感じですかね（笑）。大阪にいたらばったり会うかもしれないし、そのとき別れたのも「違うところに住め」っていうことなのかなって。それでとにかく心機一転、東京に来て、最初は仕事もなかったので（葛飾区）柴又の安いところに住んでいて。

――それもご両親が援助してくれて？

ぱん　まあ、そうですね（笑）。

――だったら、どこでも住めそうじゃないですか？

ぱん　でも、もらっていたのが毎月10万ちょいで、その中から家賃を払って、おこづかいもほしかったので。

――環境を変えてみてどうでした？

ぱん　とにかく「心が元気でいたかった」んですよね。すぐに落ち込んじゃう性格だったので、心が元気でいたい、そのためには好きなことだけをして生きよう、人生を楽しもうと思って。それでとりあえずフリーターをやりながらたくさん運動をしようと決めて、ハーフマラソンを走ってみたりとか、ダイビングの資格を取ったりとかして。

――ああ、運動というチョイスはいいですね。

ぱん　そうなんです。それで運動をするとやっぱりどんどん元気になっていって。それまで「クソおもろないな」って思っていた人生が徐々に輝きを取り戻してきたんです。

「体験でキックをやってみたら会長にわりと褒められたので、ちょっといい気分になって家に帰って（笑）」

――「やっぱり私は運動だったか」と。

ぱん　とにかく運動をしていると輝けました。お母さんもそんな私を好きでいてくれているので、「無理に働かなくてもいいよ。お母さんが面倒をみるから、好きなことだけをして元気でいてくれたらいいから」って言ってくれていたんですよ。「生きたいと思えるだけで凄いことだから」って。だからお母さんからは「一生働かなくてもいい」って言われていましたけど、私は自立をしたかったっていうのがあって。

――「一生遊んで暮らす」という人生は嫌だったんですね。

ぱん　なので段階を踏もうと思って、とりあえず心を元気にさせて、うまくいったら仕事を見つけよう、それで仕事がうまくいったら自立していこうと。一気に全部はできないなと思ったから、とりあえず東京には運動をしに来たってことになりますね（笑）。

――アハハハ。やっぱり社会には出なきゃなっていう意識があったわけですね。

のむ
シリカ

ぱん　社会に出なきゃっていうよりも、それまで社会で凄く失敗をしているので、何か私に合うものが見つかるまでは運動をしておけばいいかなと思っていました。「いつか何かに出会うはずだ」と思って、とりあえず運動をしておこうと（笑）。

——運動はどれくらいやっていたんですか？

ぱん　東京に来たのが21歳なんですけど、週6くらいでやっていましたね。大人のバック転教室っていうのに行ったり、トランポリン、殺陣やアクション、ヨガもやりましたし、ダイビングとかマラソンとかいろんなことをやって。その中でキックボクシングに触れたときに「あっ、これだ！」と思ったんですね。

——きましたね。

ぱん　最初はアクションで蹴り技が楽しくなったんですよ。そのアクションの先生からボクシングをちょっと教えてもらっていて、それが楽しかったから今度はボクシングジムの体験に行ってみようと思って行ってみたんですけど、ちょっと蹴りがないのはおもしろくないなと思って、キックボクシングジムに行ったのがここ（ストラッグル）だったんですよ。

——いきなりここだったんですか？

ぱん　格闘技のことはまったく知らなかったんですけど、「キックボクシング」で調べてみたら、ここが柴又の家からいちばん近かったんです（笑）。それでひとりで体験に来てキックをやってみたら、会長にわりと褒められたので、ちょっといい気分になって家に帰って（笑）。それで「あのジムに入りたいな」と思って。

——じゃあ、そこからはキック一本になっていくんですか？

ぱん　最初の2カ月はフィットネスで、ほかの会員さんたちと一緒で週2しか行ってなくて。ほかにバック転を週4くらいでまだ行っていたので。

——最初はどこにでもいる一般の会員さん。

ぱん　週7で運動する中でキックは週2でしたね。それで入って2カ月が経ったときにふと「ジムにプロの選手がいたじゃん。私もあれになればいいんじゃん」と思い立ったんですけど、そう思った瞬間に凄く輝きだして。

——さらに自分の輝きが増した（笑）。

ぱん　そうなんですよ。まだマススパーリングとかもしたことがなくて、サンドバックやミットしかやったことがなかったんですけど、とりあえずキックボクサーになろうと思って、その日のうちに会長に「私、試合に出たいです！」って言ったんです。それで次の日から毎日ジムに行って、バイト先には「私、キックボクサーになるので仕事には毎日行けなくなるので減らしてもらってもいいですか？」って言って、そのあと親に家族ＬＩＮＥで「キックボクサーになるんで仕事を減らすから。ちょっと仕送りをお願い！」みたいな（笑）。

――マシマシでお願い（笑）。

ぱん　親はまさかキックボクサーでくるとは思っていないので、「何を言ってるんだ？」みたいな感じでびっくりしていましたけど。

鈴木秀明会長　そのときはまだ凄くガリガリで、パンチを教えると手首を痛めちゃったとか、ミドルキックを蹴ったら足を痛めちゃったとか、まったく身体ができていなかったんですよね。だからいくら本人ががんばろうと思っていても、そこから無理にやっても格闘技の世界って難しいじゃないですか。特に女子だと彼女の階級なんかはみんなジュニアのときからやっていたりするので。

――格闘技も幼少期からっていう時代ですからね。

鈴木　身体が丈夫なコたちが多かったんですよ。だからちょっとどうなのかなっていうのがあって、ケガがいちばん少ない前蹴りをたくさん練習させたんですよ。そうしたら、それが得意技になっちゃったんですけど。

――なるほど！　それまでコンタクトスポーツは1回もやっていないわけですもんね。

ぱん　1回もないですね。ケンカも全然強くないというか、弱いですし。

――なのに、なぜキックを死に物狂いでやる気になれたんですか？

「心の病気とかになりそうになったら1回逃げてもいいんじゃないかと思います。逃げることで心がラクになると思うから」

ぱん　いちばんは「これを逃したらほかにない」と思ったからですね。「私はもうほかに何もないから、最後にこれにしがみつかないとあとはないぞ」と。それと単純にやっていて楽しかったんです。全部が楽しかったというか、練習も楽しいですし、強くなっていってることが自信に変わるのも楽しいですし、殴ることも殴られることも楽しかったんです。
――「私、生きてる！」みたいな？
ぱん　あっ、それです、それです！　それまで死んだような生活をしていたので「生きてる！」っていう感じが凄くあって。ギャンブルもそうですけど、刺激を求めるタイプなので（笑）。
――パチンコ以来の「生きてる！」ですもんね（笑）。
ぱん　キックにもめちゃめちゃ刺激があったんですね。弱かったら自分がボコボコにされるだけの競技っていうのもよくて、だから必死になれたというか。やっぱり「死ぬ気でやれる」っていうのがいいですよね。「弱い者がケガを負うのなら、自分が相手の骨を折る側に回りたい」っていうのは試合に出たいと決めたときから思っていました。その気持ちが練習とかでも緊張感を持ってやれるようになりましたね。

——パチンコは勝っても負けても、そのすべてを愛せたわけじゃないですか。だけどキックでは「絶対に結果を出したい」となったわけですよね。

ぱん パチンコは「これだ！」っていうのじゃなくて、ほかに何もなかったのでそれにしがみついたっていう感じだったんですけど、キックは仕事としてやっていくと決めたので。今度はもう23歳になっていたし、まわりも就職とかしていてけっこう焦っていた部分もあって、「私はこれで成功して見返したい」っていう気持ちが大きかったですね。それと、なんでもすぐに言っちゃう性格なので、「キックボクサーになるよ！」って言ったときのみんなからの反応がちょっとムカついて（笑）。

——「はいはい、なんか言ってるね」みたいな（笑）。

ぱん 「あっ、今度はそれ？」みたいな（笑）。「そんな簡単なものじゃないよ」っていうのもいろんな人から言われたし、「試合を観に来て！」って言っても「いやー、もうちょっと強くならないとね」って言われたことが凄くムカついたので、絶対に見返してやりたいっていう気持ちがありました。それでアマチュアでも試合に勝ったら「おっ、凄いね！」「こないだ始めたのにもう勝ったの？」とか、そういう反応があることがやっぱりうれしくて、次にトーナメントで勝ったら、また「えっ、凄いね！」って。そうやってみんなの見る目がどんどん変わってきたことも楽しかったっていうのはありますね。

——さっき会長もおっしゃってましたけど、いまってキッズの頃からの経験者がたくさんいる時代で、最初はレベルに戸惑ったりもしたんじゃないですか？

ぱん みんな、私よりもうまかったですからね。

——やっぱり初っ端はそうですよね。

ぱん いえ、いまもですね。今回闘った百花選手にしろ、動きとかは私よりもうまいんです。ただ、会長が教えてくれているのは自分の武器であるリーチを活かす闘い方なので「自分が先に当てたら勝てる」という自信を持ってリングに上がっています。それとフィジカルも鍛えているので、相手が自分と同じくらいの身長だったらパワーで押せばいいし。最初は凄くビビっていたんですよ。「私がぐうたらしていたときに、もうプロで何戦もやってきた人になんか勝てるわけがない」って。でも、いざリングに上がってみると「あっ、自分のほうが強いな」って思うことがあって、その積み重ねからいまはキャリアは気にしていないです。百花選手は40戦だったし、その前に闘ったＭＡＲＩ選手も40戦近くやっているので、キャリアは関係ないと思っていて、それよりも質かなって。

鈴木　彼女はルックス先行でプロデビューのときからけっこう注目されていたので、負けられない状態での試合がいっぱいあっての積み重ねだと思いますね。ポンポンとラクに勝ってきているように思われるんですけど、12戦すべて必死にもがいているんですよ。

ぱん　それと、わりとほかのジムは気持ちで来ているんですよね。闘っているときに相手のセコンドが「気持ちで行けー！」「とにかく前に出ろ！」みたいな感じで言っていて、ホントは私もそういうタイプなんですけど、会長から「テクニックで行ったらかならず勝てるから」っていうふうに教えられているので、気持ちでガンガン前に行って、喧嘩のように勝つスタイルは4戦目で終わりましたね。

——ちゃんとテクニカルなキックボクシングをやっているということですね。

ぱん　そうですね。私は昔からいい意味でも悪い意味でも浮いていて、社会に出ても無理なんだろうなって薄々気づいていた部分があるんですけど、キックと出会えていまは楽しいです。決まりがないし、自分がやりたいようにやればいいいし、たとえ変でもそれが私って認めてくれる世界なので。

——むしろ変であればあるほどいいみたいな。

ぱん　それで目立つし、いいのかなって。社会に出たら協調性がないとダメなんですけど、自分が好きなことをしているだけで「あっ、楽しそう」と思ってくれてファンになってくださる人もいるし。とにかく窮屈なのがいちばん嫌なので。

——ずっともがいていて、ようやく自分の生きる場所が見つかった。

ぱん　こんなに楽しい場所が見つかって。そして私の元気で楽しい姿を見て、みんなが応援してくださる。自由っていいなーと思いますね（笑）。ホントに自由っていいですよ。こういう人間からすると決まりがあるって凄くつらいんです。

——感受性が豊かなんでしょうね。

ぱん　だいぶ豊かだし、感情の起伏も凄くあるので、そのときに型にハメられるとちょっとしんどいんですよ。

——ぱんちゃんと似たようなタイプの人って、世の中にたくさんいそうな気がしますよね。

ぱん　絶対にたくさんいるし、めちゃめちゃ生きづらいと思いますよ。

——そういう人たちは自分を殺しながら日々を生きてるんでしょうね。

ぱん　そうだと思います。そこで落ち込んで、ちょっと心の病気とかになったりする人も多いと思うので、そうなったら1回逃げてもいいんじゃないかと思います。逃げることで心がラクになると思うから、がんばりすぎなくてもいいです。私はがんばろうとして壊れちゃったので。

「引退後は起業して自分でやりたい仕事がしたい。いま考えているのはかわいいスポーツブラを作りたいんですよ」

――現状はどうですか？　ここまで注目も浴びるようになって。

ぱん　いまは想像の80倍くらいです。レベルが低いかもしれないですけど、「プロになること」がとりあえずの夢だったので。でもまわりの人たちが「絶対にチャンピオンになれるよ！」って言ってくださって、ホントにひとつひとつ勝っていくから、いつも「えっ、勝てるとは思わなかった！」っていう感じです。ホントに（笑）。

――どういう感覚なんですかね（笑）。

ぱん　両方の自分がいます。もちろん「絶対に負けたくない！　絶対に勝ってやる！」っていう気持ちでリングに上がるんですけど、勝ったあとに「まさか勝てるとは思っていなかった……」って感じで（笑）。毎回そんな感じなんですよね。

――そのふたつはいまだにあるんですか？

ぱん　ありますね。でも楽しんで練習しているからでしょうね。殴られているときは苦しいんですけど、それもまた楽しいというか。うまく当てられなくてボコボコにされたときなんかは「悔しい」っていうのはあるんですけど、「つらい」っていうのではないですね。

――じゃあ、ずっと強くなっていくんでしょうね。

ぱん　どんどん強くなれる競技だと思っているし、「あっ、こういうのもあるの!?」っていう感じなので。もう4年半やっているんですけど、毎日やっていてもまったく飽きがこないですね。

鈴木　まだやっていない、できていない技、プラスする技っていうのがいっぱいあるんですよ。

ぱん　練習しても試合で全然出せていないやつがたくさんあって（笑）。

鈴木　それで5試合くらい前から練習している技が最近ようやく出てきたっていう。

ぱん　5試合後くらいにできるようになるんですよ（笑）。フックやボディとかめちゃめちゃ練習してるのになぜかまだ試合で出なくて。

――来年くらいにフックとボディが炸裂しまくるんでしょうね（笑）。

ぱん　いや、1年くらい前から練習しているので次くらいには出そうな気がします（笑）。カーフキックも1年以上前から練習していて、それが前回の試合でやっと出たので。いまは前蹴り、ミドル、ロー、ワンツーがいちばん出ますけど、それ以外の技はだいたい練習してから1年後に出てきます。

――正解は一年後（笑）。

ぱん　去年の夏からカーフをめっちゃ練習して、1年2カ月後に出るとは思わなかったです（笑）。

――そんなに前から練習していたのにブームに乗れなかったわけですね。ホントなら堀口恭司よりも先にバンバン蹴りたかったですよね（笑）。

ぱん　カーフキックが流行る前から練習していたのに（笑）。それでここまで来たら、やっぱり海外に飛び出したいっていう気持ちがありますね。ベラトールとかで日本人女子キックボクサーで初めて勝ち星をあげたいなって。そんなにキックを長くやるつもりもなくて、いちばんのピークのときに辞めたいっていうのもあるんですけど。

――みんなそう言うんですけど、格闘技って辞められないじゃないですか。

ぱん　そうですよね（笑）。試合もどんどん楽しくなってきますからね。ただ、限界が見えたときが辞めどきだとは思っています。

――でも、キックを辞めたぱんちゃんのその後の人生が想像つかないですよ。

ぱん　そこはみんな心配してくれているんですけど、会社勤めは絶対に無理なので、自分でやりたい仕事がしたいですね。

――起業？

ぱん　起業したいです。いま考えているのはかわいいスポーツブラを作ること。

――めちゃくちゃ明確な夢があるんですね！　引退後はかわいいスポーツブラを作る（笑）。

ぱん　それまでにもっと知名度を上げて、スポブラがたくさん売れるようにがんばらなきゃって思っています（笑）。

ぱんちゃん璃奈（ぱんちゃん・りな）
1994年3月17日生まれ、大阪府豊中市出身。本名・岡本璃奈。キックボクサー。STRUGGLE所属。現KNOCK OUT-BLACK女子アトム級王者。
学生時代に水泳や陸上の経験を経て、21歳で上京。キックボクシングジムSTRUGGLEに入会するとすぐにキックボクサーを志すようになり、2019年2月17日、『PANCRASE REBELS RING.1 NIGHT』での川島江理沙戦でプロデビュー。2020年8月30日、『REBELS.65』で行われた「REBELS-BLACK女子46kg級初代王座決定戦」でMISAKIに判定勝利して同王座を獲得。2021年7月18日、『KNOCK OUT 2021 vol.3』ではsasoriに判定勝ち。2021年9月19日、RIZIN初参戦となる『RIZIN.30』で元NJKFミネルヴァ日本アトム級王者の百花と対戦して判定勝ち。現在12戦12勝の戦績を誇る。

兵庫慎司のプロレスとはまったく関係なくはない話

第77回 息もできない

9年くらい前から、睡眠時無呼吸症候群(長いので以下「無呼吸」)を患っている。

いかりや長介の自伝『だめだこりゃ』(新潮社・2001年刊)の、高木ブーが居眠りばかりしているのは、この病気のせいである、というくだりを読んで、無呼吸の存在を知った時は、将来自分が罹患するほど、一般的なもんだとは思っていなかった。

どんなに疲れて眠りについても、2時間くらいで目が覚めてしまう。で、なかなかもう一度寝つけない。その分、昼間に突然眠くなる。渋谷で山手線に乗って新宿で下りるまでの、わずか3駅・7分の間に、寝落ちして、乗り過ごしてしまったりする。

という、困った症状が出始めたのは、44歳の頃だった。ある時、家で宴会して、酔いつぶれて寝た翌日、「息、止まってましたよ」と言われ、己が無呼吸であることを知る。渋谷の睡眠クリニックにかかって一晩測定したところ、最長で58秒、息が止まっていた。一発アウトのレベルである。

医者から、圧力をかけた空気(要は風)を鼻から送り込んで、無呼吸を防止する、CPAP(シーパップ)という機械を装着して眠ることを勧められた。しかしこれ、買取はできなくてリースでしか使用できず、毎月5000円くらいかかる上に、月に1回診療を受けなくてはならない、という。

あまりに面倒なので、「ほかに何かないですかね?」と相談した結果、マウスピースを作る、という方法に落ち着いた。上下の歯を噛み合わせると下顎のほうが前に出る形、つまり「アイーン」の状態をキープして眠れば、気道がふさがらない。だから、歯型を取ってマウスピースを作り、それを噛んで寝る、というわけだ。以前から不眠症の薬は飲んでいたので、それと合わせると、当初はまあまあの効果を得ることができた。

しかし。数年後、その病院がつぶれてしまった。さらにその数年後、マウスピースが経年劣化で粉々になってしまい、頼るものが薬しかなくなった。

新しい病院を探すのが面倒なのと、会社をやめてフリーのライターになり、家で仕事をすることが増えたので、眠くなったら

兵庫慎司

兵庫慎司(ひょうご・しんじ)1968年生まれ、広島出身・東京在住、音楽などのライター。TBS『水曜日のダウンタウン』の、クロちゃんが寝ている間に部屋ごと無人島に移して自力で脱出させる計画の時、海に潜るためにクロちゃんが使ったのが、CPAPのベイダーマスク部分と管でした。なんであれで水中で呼吸できると思ったのか、シンプルに不思議です。

ちょっと仮眠をとることが可能、というのもあって、そのまま放置していた。

という時期に、心の支えになっていたのが、本当に深刻な容態になったら、CPAPを導入すればいい、という考えである。矢作兼や劇団ひとりや佐久間宣行プロデューサー（要は『ゴッドタン』関係の人たちですね）が、「CPAPはすばらしい」「眠りが深い」「人生が変わった」などと、大絶賛しているので、その期待はさらに高くなった。

そして、2021年夏。ついにその最後の希望に手を伸ばす時が来た。睡眠の具合が、いっそう芳しくなってきたことと、通っているフィットネスジムの下に入っている病院が、無呼吸も扱っていることを知ったので、行ってみたのだった。

久々に検査した。呼吸が止まっている最長時間、58秒から、211秒に延びていた。

3分半。よく窒息死しないな。正確に言うと「無呼吸」ではなく「低呼吸」の時間なので、微かに息はできているという。じゃあ完全に止まっている時間は？『全無呼吸』といいます。えーと、96・9秒ですね」。


即座に申し込んだ。数週間後、新潟の医療器具会社から送られて来たCPAPは、毎晩の呼吸の状況を記録し、医者はネット上でそれを見ることができて、月に1回の診療の時に、教えてくれるという。

ビッグバン・ベイダーのマスクみたいなやつを顔にかぶって、CPAPの本体から出ている長い管の先を鼻に固定し、空気を送り込まれながら、眠りにつく。

2時間で目が覚めた。

えー!? 変わらねえじゃん！ 困る!!

病院で相談したら、「最初のうちはみんなそうですよ。むしろ最初にしてはいいほうです」と、なだめられる。いや、でも、『ゴッドタン』チームが言うことには、もっとこう人生が変わるくらいの劇的な効果が……あるんだろうか、続けていれば。

というわけで、使用を始めて2カ月が経過したが、今のところ、「目が覚めたら6時間経っていた」みたいな奇跡は、起きないままなのだった。呼吸はできているようだが、鼻から空気が送り込まれ続けるので、めったやたらとノドが乾くことと、顔をベイダーマスクで縛っていることの不快感が、眠りを妨げているのではないかと思う。

なお、無呼吸は、日常生活に支障を及ぼすだけでなく、脳に負荷がかかるため、歳をとったら認知症になる確率が上がる等の、深刻な弊害もあるそうだ。医者にそう言われた。なので、続けるしかないんだけど。

『キングオブコント』で優勝する直前のTBSラジオ『空気階段の踊り場』にて。鈴木もぐらが無呼吸でかかっている病院から、番組宛に届いたメールが紹介されていた。月に1回の診察をサボっている、連絡しても返事がない、この番組にメールするしかないので送りました。診察を受けに来てください、これ以上来られない場合はCPAPを回収します、という内容。鈴木もぐらは平謝り、水川かたまりと作家は爆笑、だったが、私、笑えませんでした。

最後に、リクエスト曲。初めて聴いて25年が経ちますが、今ほどこの曲が切実に感じられる時はありません。ホフディランの『呼吸をしよう』をお願いします。

診察行かなきゃ。

HENTAIZADANKAI

玉袋筋太郎の変態座談会

TAMABUKURO SUJITARO

熱血 プロレスティーチャー

小佐野景浩

ONITA ATSUSHI

元『週刊ゴング』名物編集長登場! プロレス界に深く入り込んだゴング記者だからこそ語れる超濃厚トーク。知られざるエピソードしかない!!

収録日:2021年10月3日　撮影:タイコウクニヨシ　試合写真:平工幸雄　構成:堀江ガンツ

[変態座談会出席者プロフィール]

玉袋筋太郎(1967年・東京都出身の53歳／お笑い芸人／全日本スナック連盟会長)
椎名基樹(1968年・静岡県出身の52歳／構成作家／本誌でコラム連載中)
堀江ガンツ(1973年・栃木県出身の48歳／プロレス・格闘技ライター／変態座談会主宰者)

[スペシャルゲスト] 小佐野景浩(おさの・かげひろ)

1961年9月5日生まれ、神奈川県横浜市鶴見区出身。プロレスライター・評論家。元『週刊ゴング』編集長。小学生の頃からプロレスに魅了され、高校生のときに新日本プロレスの私設ファンクラブ『炎のファイター』を設立。中央大学に進学して、日本スポーツ出版社の『月刊ゴング』編集部にアルバイトスタッフとして入社。1983年に大学を中退して正社員となり、1984年4月より全日本プロレス担当記者となる。1994年より『週刊ゴング』の編集長を務め、天龍源一郎の番記者としても知られる一方で、ターザン山本率いるライバル専門誌『週刊プロレス』としのぎを削った。1999年には編集企画室長に就任。2002年11月から執行役員となるが2004年9月に同社を退社。以降はフリーランスとしてプロレスライター、評論家として活躍している。

「子どもはやっぱり若くてやんちゃなアントニオ猪木に惹かれる。馬場さんは優等生だから子どもは嫌いじゃないですか」（小佐野）

玉袋　小佐野さん、還暦を迎えられたそうで。おめでとうございます！

小佐野　浦島太郎と一緒で気づいたらジジイですよ（笑）。精神年齢は全然変わっていないのに。

玉袋　心はプロレス少年だ。

小佐野　我々の先人である菊池孝さんたちって貫禄があったじゃないですか。でも俺はこんなだもんね（笑）。

ガンツ　ハワイ好きで、常にアロハシャツっていう（笑）。

椎名　たしかにゴングの「三者三様」の人たちは凄い大御所感がありました（笑）。

玉袋　あと鈴木庄一さんとか田鶴浜弘さんとかね。

小佐野　田鶴浜さんっていくつまでやってたんだろ。もの凄い高齢だと思ってましたけど、いま考えると意外とそうでもなかったのかな。たぶん70歳ぐらいまでやってたのかな。

玉袋　ファイトのI編集長（井上義啓さん）は何歳くらいだったんだろ？

ガンツ　I編集長はたしか72歳で亡くなったはずですね。

小佐野　門馬忠雄さんはいま83歳ですから。

玉袋　門馬さん、すげー。それでまだ酒呑んでるんだろうな。というわけで小佐野さん、今日は昔話をたくさん聞いていこうと思いますけど、「記憶にございません」ってことにならねえように。あっ、それはロッキード事件の小佐野（賢治）さんか（笑）。

小佐野　ロッキード事件はボクが中学2年のときですよ（笑）。

玉袋　じゃあ、まわりから言われたでしょう？　「小佐野、おまえホントのこと言えよ」って（笑）。

小佐野　そうそう（笑）。

玉袋　小佐野さんはいつからプロレスファンだったんですか？

小佐野　プロレス専門誌を買い始めたのが、昭和45年（１９７０年）だから小学3年生。その前からテレビでプロレスは観ていたけど、親戚のお兄さんが持ってきたプロレスの本を読んでから知識がブワーッと入ってきちゃって（笑）。

玉袋　当時、学校のクラスにプロレスファンはどれくらいいたんですか？

小佐野　小学校のときはよくわからないけど、中学になったらほとんどの男は観てましたね。というのはボクの小学校卒業式の日の夜のテレビ中継が、アントニオ猪木 vs ストロング小林だったんですよ。

玉袋　うぉー！　すげえ。

ガンツ　あれは１９７４年3月19日だから、ちょうど卒業シーズンですね（笑）。

小佐野　同じ年に大木金太郎ともやってるし、その翌年はビル・ロビンソン戦、さらに3年生のときがモハメド・アリ戦だから。猪木さんが凄い人気で、クラスのほとんどの男のコはプロレスを観てるんですよ。

ガンツ　多感な中学時代と猪木さんの全盛期がドンピシャで合ってしまったら、そりゃ猪木ファンにもなりますね。

小佐野　あの時代だと、やっぱりなかなか馬場ファンにはならないですよ（笑）。

玉袋　小佐野さんはゴングで全日派のイメージがあったんですけど、やっぱり猪木ファンだったんだな。

小佐野　もう日プロのときから猪木ファンだったんですよ。子どもはやっぱり、若くてやんちゃなアントニオ猪木に惹かれる。馬場さんは優等生で、子どもは優等生が嫌いじゃないですか。だから「やっぱ猪木のほうがカッコいいよな～」みたいになったんです。

玉袋　日プロ時代は馬場さんの方が格上でしたもんね。『プロレス入門』なんかでも表紙は馬場さんが大きく載っていて、中のエピソードも馬場さんのほうが多かったもんね。「ステーキ何人前食べた」とか。

小佐野　そうそう。「寿司は150貫食べます」とか「ジャイアントスープは1万円します」とか（笑）。

椎名　ボクが子どもの頃に読んだやつだと「馬場の主食は肉です」って書いてあって、「主食が肉」って！（笑）。

ガンツ　完全に動物扱い（笑）。

玉袋　最初の生観戦はいつだったんですか？

小佐野　最初は国際なんですけど、凄く憶えているのは、親父に連れて行ってもらった昭和48年5月の新日本・川崎市体育館大会で、タイガー・ジェット・シンが初めて乱入してきたんですよ（笑）。

ガンツ　シンの初登場を生で観てるんですか！（笑）。

小佐野　それをシンに話したら大喜びしてましたよ。「おまえ、あそこにいたのか！」って（笑）。

「中央大法学部を3年で中退って、やっぱりそこまでさせるプロレスの魔力っていうのがあるのかな」（玉袋）

玉袋　歴史の証人だよ（笑）。そこから新日本の私設ファンクラブを作るのはもうちょっとあとになるんですか？

小佐野　中学時代は普通にプロレスを観ていたんですけど、高校に入ってからファンクラブブームみたいなものが起こったんですよ。あれは『ゴング』の編集長だった竹内（宏介）さんが仕掛けたと思うんだけど、清水（勉）さんの『エル・アミーゴ』とかジミー鈴木の『JWC』とか、いろいろあったんです。

ガンツ　のちに記者になるような人がたくさんいたんですね。

小佐野　で、その頃、竹内さんが水道橋のアイウエオ会館っていうところでファンを集めて8ミリ上映会を主催していて（笑）。

ガンツ　竹内さんがノーTVの試合を勝手に8ミリカメラで撮影していたんですよね（笑）。

小佐野　あとはアメリカのセントルイスにマイク・グラッチナーっていうプロレスを撮ってるマニアがいて、そこからフィルムを入手してきて、本場アメリカの試合映像を流したりもしていたんですよ。

椎名　竹内さん、そんな秘密クラブみたいな興行をしてたんだ（笑）。

小佐野　そうすると毎回マニアックな連中が集まるから、みんな仲間みたいになっていくわけじゃないですか。そうすると、ボクも最初はただのファンとして行ってたんだけど、ほかの人に影響されて「俺もファンクラブ作りたいな」と思って、『炎のファイター』っていう新日本のファンクラブを作ったんですよ。それで高校2年のとき、1978年6月1日、猪木vsボブ・バックランドがメインだった日本武道館で、凱旋帰国したばかりの藤波（辰爾）さんにインタビューしてるんです。

玉袋　私設ファンクラブの高校生がインタビューしたんですか！

小佐野　そのときボクは17歳、藤波さんは24歳で。

玉袋　それは広報を通すんですか？

小佐野　いや、早めに会場に行って、武道館の前で面識もないのに新間（寿）さんに「あっ、新間さーん！」って声をかけて。新間さんが「おうボーヤ、なんだ？」って聞いてきたので、「じつは新日本のファンクラブを作ったので、藤波さんにインタビューできますか？」って聞いたら「いいよ！」って言ってもらえて。チケットはちゃんと持っていたので、そのまま会場に入れてもらったら新間さんが藤波さんに「カンペオン！　ボーヤがインタビューしたいって言ってるから付き合ってやって」って言って。それでやらせてもらったんです。

玉袋　ファンにとっては凄くいい時代ですね。じゃあ、ファンクラブをやってる人は、いかに新間さんに憶えてもらうかがけっこう大事だったんですね。

小佐野　そうですね。その後、ボクが新間さんにかわいがられたのは、あの人は中央大学出身で、ボクは中央大学附属高校だったので後輩になるんですよ。そのあとボクも中央大学に入りますから。

玉袋　当時のFC会報は手書きですか？

小佐野　手書きですね。それを神保町の安いコピー屋でコピーして、ホチキスで留めてね。

椎名　何部くらい作ってたんですか？

小佐野　最初は自分ひとりだったんだけど、8ミリ大会に来たコとかを誘って、最終的にはけっこうな数になりましたね。あの頃はプライバシーも何もないから、たとえばゴングに「ファンクラブを作りました」って住所と電話番号を載せると、たくさん来るんですよ。

玉袋　個人情報が雑誌に全部載ってるっていうね（笑）。

小佐野　そうしたら若き日の上井文彦さんから電話がかかってきたんですよ。

ガンツ　FC入会希望でですか？

小佐野　いや、もう上井さんは新日本の若手社員で「いまボクは○○地区のプロモートを担当してるんですけど、ファンクラブでチケットを買ってくれませんか？」って（笑）。

玉袋　営業かよ！（笑）。

小佐野　高校生に営業してくるのかっていう（笑）。

椎名　そういう会報を作ったり、プロレスのFC活動をしていて、親には何か言われたりしました？

小佐野　いや、特に咎められたりはしませんでしたね。変な話、成績が下がらなければ問題がないわけじゃないですか。それでハッキリ言って成績は凄くよかったんです。だってボク、法学部法律学科に入りましたから（笑）。

玉袋　すげー（笑）。

小佐野　附属高校なのでトップから10パーセントは学部を選べるんですよ。それで「法学部法律学科をお願いします」って言って入学して、六法全書も買わずに終わってしまったっていう（笑）。

ガンツ　中央大法学部入学と同時に、ゴングのアルバイトに入ってしまったがために……。

小佐野　3年で中退と（笑）。

玉袋　やっぱり大学を中退までさせるプロレスの魔力っていうのがあるのかな。

ガンツ　もう1年待てなかったんですか？（笑）。

小佐野　あそこの大学は出るのが難しいんですよ。それなりに学校には全然行ってなかったので無理ですよね。立場上、「アルバイト」ってことになってるけど、普通に取材して記事も書いてるし、社員旅行にも連れて行ってもらったりしてましたから。シンガポールに行ったり、香港に行ったりとか。

「あの当時のゴングは裏でプロレス業界を動かしていた。竹内さんは馬場夫妻とも新聞さんともガッチリだったんです」（小佐野）

椎名　プロレス雑誌は景気がよかったんですね。

小佐野　ただ、契約社員と一緒で、社員にはボーナスが出るけど、ボクには寸志という形だったんですよ。「なんで同じよ

うに働いてるのに俺はこれなんだよ……」って思いもあって、社員になったんですけどね。

玉袋　もともと業界に潜り込もうってことは考えていたんですか？

小佐野　いや、もともとはファンとしてプロレスを楽しみながら学業もやって、大学を卒業したらプロレスも卒業して弁護士にでもなろうっていう甘いことを考えてたんですよ。ところが大学に入る前の春休みの間に「アルバイトしないか？」っていう声がかかっちゃったんですね。編集部が移転するので資料を整理する人間が必要だと。要は写真整理なんですけど、プロレスの知識がないとできないので。

ガンツ　写真を見ただけで分別しなきゃいけないわけですもんね。

小佐野　それでアルバイトを始めたら、最初は下働きだったのが取材にも行くようになって、学校にも行くヒマがなくなって。締め切りがあるから試験にもいけなくてね。「これで俺の運命も決まったな」みたいな。大学1年のときにはもうそんな感じでした（笑）。

ガンツ　大学1年からもうゴングにどっぷりだったんですね（笑）。

玉袋　ゴングはひとつの団体に偏らないバランス感覚がある誌面というイメージなんですけど、それは常に心がけていたものなんですか？

小佐野　バイトのときは国際プロレスもありましたけど、83年春に正式入社した頃はまだ新日本と全日本の2団体しかなくて、何も大きなネタがなくても猪木か、テリー・ファンクか、マスカラスを表紙にすればなんとかなるっていう時代だったんですよ。

玉袋　やっぱり昔は「ゴングといえばマスカラス」のイメージがありますよ。

小佐野　だけど、いちばん読者の引きが強かったのはやっぱり猪木さんだったと思う。だから竹内さんは馬場さんと仲がよかったけど、本を作る上ではアントニオ猪木をいちばんにしてましたから。

玉袋　そうだったんですね。でも人間同士だから、ページ配分とかは気を使ったと思うんですよね。

小佐野　あの当時のゴングが凄いのは、裏でプロレス業界を動かしてましたから。というのは、竹内さんは馬場夫妻とガッチリで、新間さんともガッチリだったんですよ。あんなに仲の悪い2団体の肝を捕まえてるので、両方の情報をすべて知ってるわけですよ。でも絶対に相手には漏らさないっていう信頼も得ていた。

玉袋　そうだったんだ。すげーな、竹内さんは。

小佐野　ボクが電話番をやってると、「新聞だけど、竹内のボーヤはいるかい?」って電話がかかってきたかと思えば、今度は「あら、竹ちゃんいる?」って元子さんからかかってきたり(笑)。

玉袋 俺は竹内さんはずっと全日とべったりだと思ってましたよ。

椎名 『全日本プロレス中継』の解説者のイメージですもんね。

小佐野 でも新間さんとは東京プロレスの頃からの付き合いなんですよ。だって竹内さんはそのとき『プロレス&ボクシング』(ベースボール・マガジン社)の編集長を18歳で務めていたので。

玉袋 18歳で編集長!? すげえな〜!

ガンツ じつはベーマガ出身なんですよね。

小佐野 竹内さんはプロ&ボクの編集部にいたんだけど、辞めて東プロに入ると思われていたんですよ。そうしたら会社から「編集長をやらないか?」って引き留められて、東プロ行きをやめてプロ&ボクの編集長になったんです。

玉袋 竹内さんってゴングのトップのときも少年みたいなイメージがあったけど、実際、少年編集長だったんだ(笑)。

ガンツ しかも、そのあと自分が独立する形でゴングができるんですよね?

小佐野 詳しい事情は知らないけど、プロ&ボクを解雇されたんですよ。その後、ベースボール・マガジン社が一度潰れて、(元ベーマガで)のちの社長になる幹部系の人たちが日本スポーツ出版社を立ち上げるとき、「プロレスの本を作ろう」「それなら竹内を呼ぼう」ということで、竹内さんがゴングを立ち上げたんです。

玉袋 そんな紆余曲折があったんだ!

小佐野 だから新間さんと竹内さんは仲がよかったけど、猪木さんと竹内さんはビジネス上の付き合いかな。東プロのときに新間さんと猪木さんは一度割れてるでしょ?

玉袋 そうですよね。新間さんは勘当されて、銅山に送られたっていう(笑)。

小佐野 だから菊池孝さんと同じパターンですよね。新間さんのことは好きだけど、アントニオ猪木の人間性は……みたいなのがあったと思うんですよね。

玉袋 でも猪木さんと新間さんは、新日本でまたくっつくし。そこに竹内さんも絡んでくるわけで、プロレス界の人間関係っていうのは絡みまくってますよね。

ガンツ そして全日本と新日本両方に通じていた竹内さんは、1981年の外国人レスラー引き抜き合戦に関しても、裏で先に知ってたんですよね?

小佐野 全部知ってましたね(笑)。

玉袋 フィクサーだよ(笑)。

小佐野 知っていても当時は月刊誌だから、なかなか大変だったんですよ。たとえばブッチャーが新日本にジャンプ（移籍）して、川崎市体育館に登場したとき、週刊誌ならすぐ入稿して翌週の表紙にできるんですけど、月刊誌は日にちがかかるんですよ。そうすると川崎に登場するのを待っていたら間に合わないから、全日本のチャンピオンカーニバルにブッチャーが来たとき、猪木さんのポスターをビリッと破く写真を撮ってそれを表紙にして（笑）。

ガンツ　まだ全日本に参戦しているときに表紙だけ仕込んでおくと。それはスリリングですね～（笑）。

「ハンセンの移籍とか衝撃的だったけど、竹内さんの手のひらの上にいたんだって思うとプロレス界は奥が深いな」（玉袋）

玉袋　当時、東スポもプロレス界で力を持っていたと思うんですけど、情報戦ではどうだったんですか？

小佐野　やっぱり竹内さんのほうが知ってましたね。

玉袋　おー、すげえ！

小佐野　でも変な話、こっちは月刊誌だからスクープっていうのはありえないわけですよ。ゴングは東スポに広告を出してましたけど、新聞広告は入稿が早いので、その見出しを見られて取材をされちゃったら、先に東スポに載っちゃうんですよ（笑）。

玉袋　輪転機でもうバレちゃうわな。「おー！」なんつって（笑）。

小佐野　なので東スポの全日本や新日本の担当の机に、ゴングの広告が載った新聞が置かれて、上司に「おまえ、なんでウチにはこれがないんだ？」って言われるのが担当記者にとっては凄く嫌だったみたいですね。

椎名　竹内さんと担当記者じゃ、業界への食い込み方が違いますもんね。

玉袋　東スポの桜井康雄さんとはどうだったんですか？

小佐野　桜井さんと竹内さんは連携をとっていましたね。あのふたりは昭和46年くらいに1カ月一緒にアメリカを回っているような仲なので。ただ、新日本の情報は共有できるけど、全日本の情報は竹内さんは桜井さんには絶対に言わないんですよ。そこが馬場さんが竹内さんを信用してたところですね。

玉袋　おもしれえな～。

小佐野　だから全日本にタイガー・ジェット・シンが来るのも竹内さんは知ってましたから。シンが全日本の熊谷大会に乱入してきた瞬間、ウォーリー山口がシャッターをバシバシ押して、ゴングは写真がバッチリ撮れてるんですけど、あたりまえなんですよ。だってウォーリーさんがシンを連れてきてるんだもん（笑）。

ガンツ　ゴングの人間でありながら、全日本の外国人係も兼ねているという（笑）。

小佐野　それでサーベルは新日本のものだったから、代わりにシンにモップの柄の部分を持たせて。

玉袋　サーベルは新日の備品だったんだ（笑）。

小佐野　それで後日、ウォーリーさんとシンでサーベルを買いに行ってるんですよ（笑）。

ガンツ　乱入のときはサーベルの調達が間に合わなかったと（笑）。

小佐野　あとハンセンの全日本移籍は、もしかしたら大誤報になる可能性もあったんですよ。例によって先に入稿していて、本は乱入前にできあがっちゃってたんです。ということは、直前になって話が変わって、ハンセンが「やっぱり俺は新日本に残る」と言い出したら大変なことになっていたわけで。

椎名　そんなことがありえたわけですか？

小佐野　ありえるんですよ。プロレス界っていうのはどこで裏切りがあるかわからないから、たとえば「ギャラを倍にする」って説得されて残ることも考えられた。結局、ハンセンは最強タッグ最終戦の蔵前に乱入して事なきを得たんですけど、そのあとがまた大変だったんですよ。私が坂口（征二）さんに監禁されて（笑）。

玉袋　世界の荒鷲に捕まった！（笑）。

椎名　さすが猛禽類ですね。バサバサ飛んできて、足でガシッと捕獲（笑）。

ガンツ　なんで監禁されたんですか？

小佐野　アメリカのスーパードームで撮ったハンセンとブロディのツーショットを表紙にしたんですけど、ちょうどタッグリーグ戦のシリーズで、たまたま全日本と新日本が同じ日に名古屋で興行が重なったときがあったんですよ。それで坂口さんが「名古屋でゴングの人間がハンセンとブロディを引き合わせた」って誤解して、ボクがたまたま用事があって新日本の事務所に行ったとき、新間さんに「小佐野、ちょっと待て！」と呼び止められてたら、のそっと荒鷲が現れて（笑）。

玉袋　ヤバイよ、これ（笑）。

小佐野　そこから「おまえがやったんやろ？」「いや、やってないです」って（笑）。

玉袋　やっちゃるけんだよ～（笑）。

小佐野　ただ、実際のポジを持って行って説明して、それは一件落着となったんですけどね。

玉袋　それにしてもハンセンの移籍とか衝撃的だったけど、俺たちは竹内さんの手のひらの上にいたんだって思うと、やっぱプロレス界は奥が深いなって思うよ。

小佐野　ボクもあのときは「竹内宏介という人は凄いんだな」って思いましたよ。「この人を中心にプロレス界が動いてるんだな」って思っちゃいましたもん。

玉袋　あんなにかわいい顔をしていて、まさかだよな（笑）。
ガンツ　テリー・ファンクが引退の1年後に復帰するっていうのも最初から知ってたんですか？
小佐野　いや、それはなかった。テリーが引退翌日、都内ホテルのビアガーデンでマスコミとお別れ会をやったら、東スポの山田隆さん（『全日本プロレス中継』解説者）がテリーに「辞めないでくれ！」って言って、泣き出しちゃったくらいだから。
玉袋　ホントですか!?　あんなブルドッグみたいな顔をしちゃって（笑）。
小佐野　だからけっこうみんな純真なんですよ。

「ブッチャーに襲われたボクを小橋が控室までおぶってくれて。そうしたらマイティ井上さんが『なにやってんの、おまえ』って」（小佐野）

椎名　プロレス少年のままなんですね。
小佐野　山田さんなんか、テリーがブッチャーに腕をフォークで刺されたときも、解説しながら泣いちゃってるわけだから（笑）。
玉袋　一方で相棒の倉持隆夫アナウンサーは、ブッチャーとシークに襲われて額を切られて大流血してるんだけどね（笑）。
小佐野　それで言うと、ボクも経験あるんですよ。

玉袋　小佐野さんも襲われたんですか⁉

小佐野　1987年の最強タッグで、ブッチャーが6年ぶりに全日本に復帰したときがあったじゃないですか。そのとき、後楽園の開幕2連戦で、ブッチャーはファンクスとやったんですけど、試合前に呼ばれて「おまえ、写真撮る？」って聞かれたんですよ。それで「撮りますよ」って答えたら「おまえのカメラを鉄柱にぶつけて壊してもいいか？」って話になって。

椎名　そんなことを言ってくるんですか！（笑）。

小佐野　昔、ブッチャーが東スポのカメラマンに同じことをやって、衝撃シーンになったことがあるので、全日本復帰の1発目だからそれをやってインパクトを残したかったんでしょう。ただ、ボクは自前のカメラだったので「やってもいいけど、壊したら弁償してください。お金をくれるんだったらいいですよ」って言ったら、「じゃあ、もったいないからやらない」って、そこで話は終わったんですよ。

椎名　さすがブッチャー。シブチンですね（笑）。

小佐野　ところがいざ試合になったら、場外乱闘でブッチャーはボクのカメラを奪って、「あっ、コイツ裏切った！」と思った瞬間にそのカメラで頭をガーンと殴られて、「ストロボが折れた！」と思いながらその場に倒れたんですよ。そうしたらブッチャーが「ワンモア」って小声でささやいて、ボクは引きずり起こされて、フェンスの外に放り投げられたんですよ。

椎名　そこまで身体を張らされるんですか（笑）。

小佐野　シャツなんかビリビリに破れてね。それで終わりなのかなと思ったら、今度はイスを持ってきてバッカンバッカンやられて（笑）。

椎名　えーっ⁉

玉袋　ワンモアどころじゃないですよ（笑）。

小佐野　倉持さんみたいに額を切られるのは嫌だから、顔だけはガードしていたら背中をイスで殴られて。結局、練習生だった小橋建太がボクをおぶって控室に連れて行ってくれて。それで控室に入ったらマイティ井上さんが「なにやってんの、おまえ」って（笑）。

玉袋　「なにやってんの、おまえ」って（笑）。

ガンツ　ヨカタがなにをアングルに絡んでんだってことですね（笑）。

小佐野　それで元子さんも来て、「大丈夫？　しばらく休んでて」って言われたんだけど、その日はハンセンとブロディが初めてタッグで当たる日だったんで、試合を観たいじゃないですか。こんなところで寝てる場合じゃないと（笑）。

ガンツ　そうですよね（笑）。

小佐野　それで「すみません、大丈夫なんですけど試合が観たいです」って言ったら、「じゃあ、バルコニーのあっち側で観客にわからないようにして観てなさい」って言われて。

ガンツ　ブッチャーにボコボコにされたはずの人が、ピンピンしてたらまずいわけですからね（笑）。

小佐野　でも最初にイスが入ったのがヒジのほうだったんで、何日間かは湿布をしてましたね。ああいうときって手加減をしないんです。手加減しちゃうと観客にバレるから。その代わりやられるほうは動いちゃいけない。動くと変なところに当たってしまうんで、とにかく動かない。

椎名　それで弁償はしてもらえたんですか？

小佐野　ゼロ。もらったものはジャイアントサービスのTシャツ1枚。シャツが破れてしまったから（笑）。

玉袋　出た！　ジャイアントサービスだよ～（笑）。日テレの倉持さんは馬場さんから「クラちゃん、クリーニング代」って20万円もらったって言ってましたけどね。

ガンツ　日テレの社員には出すけど、プロレス記者は身内ってことでTシャツ1枚なんですかね（笑）。

小佐野　で、ブッチャーに襲われたあと、日テレのプロデューサーが来て「さっきの試合なんだけど、襲われた部分はカットだからね。テレビで流れるといろいろ問題が起きるんで」って言われて、襲われ損なんですよ！（笑）。

玉袋　ひでえ（笑）。日テレは倉持さんが襲われたときも、11時のニュース『今日の出来事』で〝事件〟として報道しようとしたらしいですからね。カテエんだよな。

小佐野　そのあと、今度はウォーリーさんが来て「ブロディが明日誰かをチェーンで殴りたいって言ってるんだけど、おまえいい？」って聞いてきて、「それだけは勘弁してくれ！」って（笑）。

ガンツ　なぜか小佐野さんが襲われ要員になるところだったんですね（笑）。

椎名　客に「またあの記者、やられてるよ」って言われるようになってたかもしれない（笑）。

小佐野　でもレスラーって、やっていい人間とそうじゃない人間を見てるんですよ。だから顔見知りになると「コイツだったらやっても文句を言わないだろ」くらいに思われがちなんです。

ガンツ　毎日来てるような人は、記者も含めて〝一座の仲間〟って感じなんでしょうね。

小佐野　ブッチャーは意思疎通ができるからまだいいんですけど、シンはホントに怖くて、顔見知りがいると移動中の新幹線だろうが、ホテルだろうが襲ってくるんで。

玉袋　実際やられたんですか？

小佐野　やられましたよ。ホテルのロビーに降りるとき、エレベーターのドアが開いたら目の前にシンが立っていたんで一応挨拶をしたら、向こうがウインクしてきて、次の瞬間襲ってきましたから（笑）。

ガンツ　それぐらい狂人を演じてたってことですよね。
椎名　真面目な人なんだね。
小佐野　だから、なるべくシンには会わないようにしてましたね。

「上田馬之助さんにソープ経営者とかのタニマチがいて、シンは上田さんと行動することで日本での楽しいことを覚えちゃった」（ガンツ）

玉袋　それがシンのプロ意識なんでしょうね。
小佐野　でもホントに所構わずなんで困りましたよ。ボクがシンと話ができるようになったのは、ハッスルになってからですからね。
ガンツ　そんな最近なんですか（笑）。
小佐野　ハッスルのときでも、話をするのは昔から知ってるごく一部の人間だけで。シンがサムライTVのスタジオにゲスト出演したときに本番前にボクとしゃべってたら、近くにいた三田（佐代子）さんに対して「おい、そこの女！　女だからって大丈夫だと思ってるんじゃないぞ。俺はタイガー・ジェット・シンだぞ」って凄んできて、三田さんがビビってるっていう（笑）。
玉袋　カマしてくるね～（笑）。

小佐野　それでサムライの生放送だったんですけど、スタッフが「シンさんが入りまーす！」って言ったらシンがサーベルを持ってスタジオに入ってきて「30秒前……はい、本番！」ってなったらもう目が血走ってるんですよ。
玉袋　いいねー（笑）。
小佐野　それで登場して2～3分でボクが殴られて、そのとき初めて痛くなかったんですよ。それまではいつも思いきり殴られて痛い思いをしていたのに。50過ぎて、ようやくシンが信用してくれるようになったのかな（苦笑）。それでボクが倒れたらシンが出て行っちゃって。それでもまだ番組が始まったばかりなんで起き上がったら、ディレクターが「シンさんがもう1回入ってきたいと言ってます」ってカンペを出してきて。
玉袋　最高だよ（笑）。
小佐野　そうしたらシンがふたたび出てきて、今度はフロアディレクターを思いっきり殴ってましたね。
玉袋　俺もサムライで対談したとき、やっぱりシンは怖かったもんな。
小佐野　で、その翌年、シンはクロマティと試合したじゃないですか。

ガンツ ありましたね〜。シンとクロマティのプロレスvs野球の異種格闘技戦（笑）。

小佐野 そのときはもうだいぶ慣れていて、サムライの生放送前、シンが「おまえがクロマティの名前を出した瞬間、俺はおまえを襲うからな」って言われていて。実際に本番でボクがクロマティの話題を出した瞬間、シンにターバンで首を絞められましたから（笑）。

椎名 襲う合図が「クロマティ」（笑）。

小佐野 でも事前にわかっていたら対処できますからね。ボクもシンに無条件でやられなくなるまでに何年かかったか（笑）。

玉袋 シンとの長い物語だね。まさに『おしん』だよ（笑）。

椎名 辛抱の物語ですね（笑）。

玉袋 俺もシンとはちょっとした関わりがあって。新宿のソープランドに行ったとき、「誰か有名人が来た？」って聞いたら、お姉さんが「私、タイガー・ジェット・シンの相手をした」って言っててさ。俺とシンは兄弟だったんだよ（笑）。

ガンツ 上田馬之助さんが、ソープ経営者とか全国にタニマチがいる人だったから、シンは上田さんと行動することで日本での楽しいことを覚えちゃったんですよね。

椎名 そうだったんだ（笑）。

ガンツ 話は全然変わりますけど、『月刊プロレス』が『週刊プロレス』になったとき、ゴングはどう思ってたんですか？

小佐野 基本的には週刊誌にはしたくなかったんですよ。

玉袋 あっ、そうだったんですか？

小佐野 それまでのプロレス雑誌って、次のシリーズには誰が来るとか、技の分解写真が載った解説なんかが主だったんですけど、ちょうど新日本でクーデター未遂事件が起こった時期だったこともあって、リング上とは関係ない、内部に踏み込んだことまで書かざるを得なくなってきていたんですね。それが週刊誌になったら、ますますそういう方向になっていくだろうと。我々はそれが嫌だったんです。

ガンツ プロレス雑誌が夢のある世界ではなくなっていくと。

小佐野 竹内さんがフィクサーをやっていて何がよかったのかって言えば、自分たちがファンだったら観たいだろうなっていうものを仕掛けて、それを記事にしていたんですよ。でも週刊誌になると内幕のニュースを追わなきゃいけなくなるから、それはやりたくないという考えがあったんです。でも当時はプロレス雑誌がたくさんあった時期で、週プロ以外にも月刊の『ビッグレスラー』とか『エキサイティングプロレス』が出てきて、このどこかが週刊化したらゴングは完全に乗り遅れるなっていうのがあって、それで『週刊ゴング』になったんです。

椎名　苦渋の決断だったわけですね。

小佐野　週刊になってボクが個人的に困ったのは、全日本担当に配属されたんですよ。新日本なら学生の頃から知ってる人たちばかりだけど、全日本で顔見知りの選手は本当に少なかった。学生時代、自費で3週間アメリカにプロレスを観に行ったときにテネシーで会った渕（正信）さんと大仁田さん。あとは越中さん、川田（利明）、鶴田さんぐらいで、上のほうの人たちはあまり知らなかったし、特に馬場さんとは一度も口をきいたことがなかったから、ホントに困りました。

玉袋　馬場さんはハードル高そうだな〜。

小佐野　猪木さんは誰に対しても非常に社交的なんですよ。初めて会った人に対しても「ああ、どうも」って感じで。だから月刊時代に新日本の土肥温泉合宿があって、たまたまロビーで猪木さんとふたりっきりになったとき、こんな若造記者に対して猪木さんがとうとうとアントンハイセルの話をするんですよ（笑）。猪木さんは気持ちがオープンで夢を持った人だから、人を惹きつけるんだろうなって、そのとき思いましたね。

玉袋　馬場さんは全然違ったわけですね。

小佐野　全日本の担当になって、馬場さんのところに挨拶に行っても「ふん！」みたいな感じでしたから。

「ターザンは馬場さんからタダ飯を食らっておこづかいまでもらったことを、あれくらい公言してるのが逆にすげえよ」（玉袋）

椎名　ゴングの全日本担当記者にそれなんですか？

小佐野　それでよく見てると、ほかのマスコミもみんな近寄りがたいのか馬場さんのところに行かないんですよ。まいったなと思って、会場に行くたびにボクは話しかけたんですけど生返事しか返ってこなくて。ちょうどそのときにPWF世界タッグの初代王者決定リーグ戦をやっていて、終盤戦の大阪府立体育会館に行ったとき、当時リングサイドにあった連絡用電話に竹内さんから連絡があって、「たぶん明日の決勝は馬場&ドリーの優勝だろうから、前夜の前祝いってことで乾杯してる写真を撮ってこい」って言われたんですよ。ろくに口もきけないのに（笑）。

玉袋　馬場&ドリーの乾杯をセッティングしなきゃいけないわけですね。

小佐野　これはまいったなと思って、広報みたいな立場だった元子さんに「すみません。竹内さんから言われて、どうしても馬場さんとドリーの乾杯の写真を撮りたいんですけど、いいですかね？」って相談したら、元子さんが「じゃあ、私がセッティングしてあげるから大丈夫よ」って言われて、「あー、ありがとうございます！」と。それでふたりがニコニコしながら乾杯してる写真を撮ったら、次の日に負けちゃったじゃないですか（笑）。

ガンツ ハンセン＆ブロディに完敗して、優勝を逃すんですよね（笑）。

小佐野 いちおう趣旨説明もして撮ったのに当日になって負けてるから、「えーっ!?」と思って。悔しいからグラビアで「この余裕が命取り」って見出しで、前夜の乾杯写真を載っけて（笑）。

玉袋 うまい！（笑）。

小佐野 そうしたら馬場さんが「バカヤロー、おまえが乾杯しろって言ったんだろ！」って（笑）。でもそれでボクという人間のことがインプットされたんでしょうね。

椎名 凄い世界だな〜。

玉袋 それまでは現場にいても、馬場さんからは透明人間扱いだったわけですよね。

小佐野 「どうしたら取材を受けてもらえますか？」って馬場さんに聞いたら、『モンテクリストNO・2』という葉巻があるから、それを俺の前に持ってきたら取材を受けてやる」みたいなことを言われたんで、「どこに売ってるんですか？」って聞いたら「日本には売ってないよ」って言われて。凄い意地悪な人だなと思ってたんだけど（笑）。

玉袋 無理難題だよ。

小佐野 でも乾杯写真を撮ったシリーズが終わって、オフに取材に行ったら、そのとき初めて馬場さんが「小佐野くん」って名前で呼んでくれたんですよ。

玉袋 名前で呼ばれると、やっと認めてもらえたって感じで、うれしいんですよね。

小佐野 見ていると、馬場さんは新しい記者が来るとかならず一定の距離を置いているんですよ。懐に入れていい人間かどうか、見極めてるんですね。

玉袋 一定期間、審査があるわけですね。

小佐野 馬場さんはよくキャピトル東急ホテルで記者に囲まれてお茶を飲んでましたけど、その中に新しい記者がいたりすると、その記者がたとえばトイレに立ったときとかに、「おい、アイツは大丈夫か？」ってまわりに聞くんですよ。それでほかのマスコミが「はい。彼はいい人間ですよ」って言うと、「おう、そうか」って。それでちょっとずつ入れていくと。

玉袋 なるほど〜。

小佐野 だから馬場さんはプロレスラーとプロレスマスコミっていうよりも、ざっくりプロレスの仲間かどうかっていうことで考えるんですよ。

ガンツ　秘密を共有するわけですもんね。

小佐野　馬場さんは口が固い人なので言わないんだけど、認めた人間は懐に入れるんですよ。でもなかなか入れない。だから長州軍が新日本に戻ったあと、ようやく懐に入れたターザン山本は、馬場さんにハマッちゃったんですよ。

玉袋　出たよ。ターザン、舞い上がったんだろうな。

小佐野　山本さんがもともといた『週刊ファイト』は業界では亜流だから、馬場さんは絶対に中に入れなかった。それは週プロになってからも変わらなかったのが、ついに入れてくれたので、山本さんもああなっちゃったと思う。

玉袋　タダ飯を食らっておこづかいまでもらって。あれくらい「おこづかいをもらってた」と公言してるのが逆にすげえよ（笑）。

ガンツ　元子さんに競馬代をせびってたわけですからね（笑）。

玉袋　小佐野さんが天龍さんにグッと入れ込んでいったきっかけはなんだったんですか？

小佐野　ジャパンプロレスが全日本に来てから、天龍さんの発言がおもしろくなってきて、ゴングの編集部でも「天龍のインタビューっておもしろいね」ってなってきたんですよ。鶴田さんに話を聞いても無難なことしか言わないから見出しがつけられなくておもしろくないんですけど、天龍さんは思ったことを口にしてくれていたんで。

ガンツ　天龍革命からそれに拍車がかかりましたよね。

小佐野　その前に長州さんたちがまだ全日本にいた1987年1月に、ゴングで「鶴藤長天（かくとうちょうてん）」というキャンペーンをやったんですよ。鶴田、藤波、長州、天龍の頭の漢字を取って「格闘頂点」という当て字にもなると。要は馬場・猪木ではなく、新しい世代であるこの4人が、自由に団体の枠を越えて闘える環境を作りたいねっていうキャンペーンを始めて。それぞれの選手に毎週インタビューをして、誌面で対戦実現への機運を高めていったんです。ところが裏では同時進行で長州の新日本復帰の話が進んでいたんですよ。だから長州さんはそのインタビューが来たとき、たぶんビックリしたと思うんですよ。「コイツら、ひょっとしたら何か知ってるんじゃないか？」って。

ガンツ　復帰の動きを知った上で、団体交流のキャンペーンをやってるんじゃないかと。

小佐野　そして藤波さんは、長州さんが戻ってくると思っているから深入りした話はしないし、鶴田さんは無難な発言だけ。その中で天龍さんだけが「そんなこと言ったってさ……」っていう現実的な発言をするわけですよ。結局、天龍さんの結論は「それは長州と藤波がやりたいだけなんじゃないの？」と。そういう話になったところで長州の新日本電撃復帰が表に出て、

鶴藤長天のキャンペーンが吹っ飛んじゃったんで、天龍さんも「なっ？　俺の言った通りだろ」と。

「阿修羅・原さんは自分の食事代を削って若手に食わせてたんですか。やさしさと男気で身を滅ぼしていってしまうというのは切ないですね」（椎名）

椎名　ゴングでは純粋な気持ちでキャンペーンをやってたんですか？

小佐野　そうです。ハンセンやシンの移籍とは違って、そのときは何も知らなかったんです。

ガンツ　プロレスファンに夢を見させる新春企画だったんですよね。

小佐野　そうそう。だから1月にキャンペーンが始まってすぐ、全日本の徳島大会テレビ生中継で、ＰＷＦ王座を防衛した長州がリング上のインタビューで藤波の名前を出したり、それを受けて2月の新日本札幌大会で藤波が呼びかけに応えたりして、「変な方向に話が行ってるぞ、これは……」となってきたんですよ。結局キャンペーンは立ち消えになったんだけど、そうなると鶴田、天龍は犠牲者じゃないですか。藤波、長州はいいけど。

ガンツ　長州vs藤波の再戦が行われるダシに使われた形になりますもんね。

小佐野　だからゴングとしてもふたりには申し訳ないっていう気持ちがあったし、ボクも全日本の担当だったんで、どうにかして全日本を盛り上げなきゃいけないなって思っていたんですけど、そのタイミングで天龍革命が起こったんですよ。なので当時の誌面は長州たちが復帰した新日本が主流だったんですけど、ボクは誌面で天龍を推し出していくようになったんですよ。

玉袋　そこから天龍さんがブレイクしていくわけですけど、小佐野さんは間近で天龍同盟の試合を観ていて「うわっ、すげーな！」って感じましたか？

小佐野　「やっぱりこの人たちは凄いな！」って思いましたよ。天龍革命は１９８７年だから、ボクもこの仕事を始めて7年くらい経っているわけですよ。そのぐらいのキャリアって業界にも慣れちゃって、ボク自身どこかプロレスをなめてるところもあったんです。ところが「なんだ、この人たち!?」って記者が驚くような激しい試合をやり始めた。「毎日こんな試合をしちゃうんだ!?」「毎日こんな試合をしてたら身体がもたないだろうな」っていう驚きが各誌の記者みんなにありましたね。

ガンツ　本当の意味でリングの〝革命〟だったわけですね。

小佐野　だってあの頃は、週1回のテレビ放送が中心だったので、テレビマッチだけ気合いを入れてやればいいはずだし、我々の取材もテレビ収録がある日だけでよかったんですよ。

でも何の変哲もない地方興行で、テレビ以上の試合をやっていたんです。それはもう追いかけざるをえないし、やっぱり応援したくなりますよ。

玉袋　記者も本気にさせたんだな。

小佐野　あの頃、若かった三沢光晴や小橋建太とかも、たぶん天龍さんのそういう姿勢を見て「こうじゃなきゃいけないんだ」と思ったんじゃないですか。

椎名　四天王プロレスにつながる潮流を作ったんでしょうね。

玉袋　ジャニーズにおける、落ちていく光ＧＥＮＪＩを見てああならないようにとがんばったＳＭＡＰと同じだな。あと阿修羅・原さんはどんな感じだったんですか？

小佐野　原さんは純粋なスポーツマンでしたね。物事を合理的に考えて、根性論ではない人でした。

玉袋　日本を代表するラガーマンですもんね。

小佐野　だから本人はむしろ激しいファイトのほうがプライドを保てるんだと言ってました。

ガンツ　原さんは１９８８年の最強タッグ開幕戦当日に全日本を解雇されましたけど、そういう噂は以前からあったんですか？

小佐野　最強タッグの前、ジャイアントシリーズ中に原さんがケガで何日か欠場したんですよ。腰のケガと発表されていたんですけど、「また何か起きてるのかな？」というのはありましたね。

ガンツ　原さんの借金問題というのは、業界ではけっこう知られていたんですか？

小佐野　その頃に借金しているかは知らなかったけど、その数年前に借金問題で雲隠れしてたことがあったでしょ？

ガンツ　ああ、〝ヒットマン〟として復帰する前ですね。

小佐野　だからそういう話は聞いていたんだけど、べつにカネ使いの荒い人だっていうイメージもなくて、何に使ってるのかもわからない。ギャンブルはやらないし、女につぎこんでもいないし、あれはホントに謎だった。気前はよかったんだけど。

玉袋　安田忠夫が借金してる理由はわかるけどな（笑）。

椎名　ギャンブルにだらしない感じが顔に出てますもんね（笑）。

小佐野　だから原さんはいい人のイメージしかないんですよ。たとえばホテルのロビーで若手を見かけたら、「おう、おまえらメシ食え！」って食わせて。だけどお金がないから自分は食べないとかね。

椎名　自分の食事代を削って、若手に食わせてたんですか。

小佐野　やっぱり試合後に飲みに行ったりすると、天龍さんがみんなにおごっちゃうじゃないですか。そうすると「3回に1回ぐらいは俺が胸出さなきゃ」みたいになっちゃうんですよ。「源ちゃんに毎回おごってもらってるわけにも……」って考えちゃう人だったんです。

椎名　やさしさと男気で身を滅ぼしていってしまうというのは切ないですね。

玉袋　そしてSWSで復帰するまで、3年ぐらい姿をくらましていたっていう。そこはミステリアスだよね。

小佐野　探し出すのも大変でしたもん。北海道琴似町にいるっていう噂がどこかからか入ってきて、たまたま知り合いが札幌に住んでいたので「ちょっと見に行ってくれない？」ってお願いして。そうしたらお寿司屋さんの2階に住んで匿ってもらってたみたいなんですけど。

玉袋　タニマチみたいな人がいたんですかね？

小佐野　タニマチかどうかよくわからないけど。見に行ってくれたボクの知り合いが「絶対にあそこにいる」って言うんですよ。でも、その寿司屋の大将に直接聞いたら「そんな人間はいない」って言われて。だったらそっとしておいてあげたほうがいいのかなと。それで知り合いがカラオケ屋に行ったら、『原さんが先週来たよ』って言ってた」っていう電話が来たから「仕事じゃないので。個人的に連絡を取りたいので気が向いたら連絡をください」っていうメモを置いてもらったら、しばらくして電話が来たんですよ。それがカムバックの1年前ですね。

玉袋　それはプロレス業界自体に不信感みたいなのを持っていたんですか？

小佐野　借金で逃げちゃってるんで、人前に出られなかったんでしょう。天龍さんはSWSを作ったときから原さんを戻したかったんですよ。「もう全日本じゃないんだから。見つかるんだったら阿修羅を使えないかな」みたいなことも言ってて。それで北海道にいるところを探し当てたんですけど、一方で原さんは「いま出て行くと源ちゃんに迷惑がかかる。借金問題をクリアしてから出て行きたい」と。

玉袋　おんぶに抱っこのつもりじゃなかったんだ。

小佐野　天龍さんにもいちおう「見つけましたよ」っていう話をしたんですけど、天龍さんは「すぐに連絡を取ってくれ」とは言わなかったんで、その問題がクリアできるほどの立場にはまだ天龍さんもなっていなかったんでしょうね。そこから1年ぐらい経って、天龍さんはSWSの社長になることが決まった瞬間、琴似町まで直接会いに行きましたから。

玉袋　社長になって真っ先に行動したのが、阿修羅さんに会いに行くことだったっていうのがしびれるよ。

小佐野　それでメガネスーパーが借金問題もすべて綺麗にしてくれて復帰が決まったんです。

玉袋　そこらへんが小室圭さんのお母さんと違うところだよな（笑）。

「東京ドームの『夢の懸け橋』に対抗したあの時代からあったからこそ、ボクはいまでもこの仕事で食えてるんだと思います」（小佐野）

ガンツ　ＳＷＳはいろんな人の人生を変えたり、狂わせたりしましたけど、小佐野さんもある意味でそのひとりですよね？（笑）。

小佐野　ＳＷＳができたことで、ボクは全日本の取材に行けなくなりましたからね。

椎名　天龍さんとつながってるってことで取材拒否ですか？

小佐野　こっちが拒否した部分もあるんですけど、元子さんとの関係がダメになってしまったんですよ。取材拒否とは言われなかったんですけど、元子さんが「もうウチには来てほしくない」と言ってたという話が回り回って聞こえてきて。べつにこっちはＳＷＳの味方をしてるわけじゃなくて、報道してるだけなんですけどね。だってその後、全日本は三沢たちの超世代軍がトップになるわけじゃないですか。ボクにとってはこんなにおいしい展開はないんですよ。

ガンツ　三沢さんとは同世代でツーカーなわけですもんね。

小佐野　こんなに取材がラクなことなんてないから。ただ、元子さんからそう思われているなら嫌だなと思って、その年の夏くらいにバトンを違う記者に渡して、ボクは編集長になるまでは全日本の取材には行かず、三沢たちとはプライベートで飲んでましたね。

玉袋　本当は三沢さんたちを誌面で応援したかったのに、それができない微妙な関係だったんですね。

小佐野　でも三沢たちとの関係はその頃がいちばん楽しかったんですよ。仕事のしがらみもなくて、ホントに友達として飲んでたから。それでボクが編集長に就任するとき、「これはまず全日本に顔を出さなきゃいけないな。馬場さんに挨拶したい」というのがあったんだけど、元子ブロックがあるわけですよ。

椎名　元子ブロック（笑）。

小佐野　馬場さんの自宅に電話したら元子さんが出て、「もう馬場さんは寝ました」と言われてね。

玉袋　カ、カテエ……。

小佐野　でもボクはそのまま元子さんと電話で4時間ぐらいしゃべって、最後は「何年も離れていても、話をしていると昔みたいになっちゃうのね。もう朝だわ。じゃあ、また今度ね」って言われて。

椎名　それで馬場さんとの関係は？

小佐野　もうなし崩しでオッケーですよ。そのあとまた電話をしたときに「じゃあ、キャピトルに来て」って元子さんに言われて行ったら、馬場さんが「おう、ひさしぶりだな。全日本は変わったぞ。また昔みたいに仲良くやろうな」って。

玉袋　へえー（笑）。

ガンツ　当時は90年代の全日本人気絶頂期ですから、馬場さんも心に余裕があったんでしょうね。

小佐野 そのとき、「山本と仲良くなったら、人が離れていったんだよな……」って言ってて（笑）。

椎名 週プロにプッシュしてもらってビジネス的にはよかったけど、馬場さんとしてはあんまり楽しくなかったんでしょうね（笑）。

玉袋 だって馬場さんは高級ホテルで優雅に食事してるのに、ターザンはそこで食い散らかすからね（笑）。

小佐野 それで次の後楽園大会に行ったら、ちゃんと「小佐野様」っていう専用の記者席を作ってもらってましたからね。

ガンツ ちゃんと手打ちができたってことなんですね。小佐野さんがゴング編集長時代には、山本さんともだいぶやり合いましたよね。

小佐野 まあ、あれもべつに仲が悪かったわけでもないんですよね。ボクにしてみれば、ファンクラブをやってたときのファイトの記者が山本さんで、ボクが作った会報を紙面で紹介してくれた人。年齢もボクが10代のときにもう30を超えてるから、当時のその年齢差って凄く大きいじゃないですか。だからケンカ相手ではないですよね。もちろん週プロは意識しましたけど。

玉袋 でもまあ、ファンはゴングvs週プロみたいに見ちゃってたんだよな。

ガンツ プロレス週刊誌がいちばん売れていた時代の編集長同士ですからね。

小佐野 東京ドームの『夢の懸け橋』に対抗したり、あの時代からあったからこそ、ボクはいまでもこの仕事で食えてるんだろうなって思いますよ。「あっ、あのときの編集長ですか」ってなるじゃないですか。

ガンツ それまで黒子だったゴングの編集者で、初めて前面に出て主張を展開しましたしね。

小佐野 当時のゴングでファンに知られていたのは、竹内さんだけだったんですよ。他誌を含めても山本さんと、あとは東スポでテレビの解説をしてる人くらいなものでしょ。

椎名 ゴングvs週プロで、結果的に名前を売ったってことですね。

玉袋 いやもう、小佐野さんはプロレスに捧げすぎてますよ。

小佐野 べつに捧げたわけじゃないんだけど、長くやってきちゃったからね（笑）。

玉袋 19歳から始めて還暦を迎えたってことは、このまま生涯現役ですか？

小佐野 いや～、もうそろそろ南の島に（笑）。でも結局は仕事に追われていたら時間が経ったっていう話じゃないですか。好きとかうんぬんじゃなくて、来た仕事をこなしてたら41年が経っていたんですよ。だって1年って早いでしょ？

ガンツ　そうですね。締切がある仕事って、時間が経つのがあっという間なんですよね（笑）。
玉袋　たしかにな。
小佐野　ボクは1980年からゴングでアルバイトを始めて、『オールナイトフジ』が終わるときに「えっ、もう80年代が終わっちゃうんだ?」と思って（笑）。
椎名　「俺の青春がいつの間に?」みたいな（笑）。
玉袋　それはやっぱり南の島で青春を取り返さないといけないですね（笑）。
小佐野　プロレスの話をしてるとそんな昔には感じないんだけど、よくよく考えたら20年前、30年前って相当昔ですよ。
ガンツ　武藤vs髙田がもう26年前なんですから。おそろしいですよね（笑）。
玉袋　そりゃ歳もとるよな（笑）。だけどその長い間、俺たちは誌面を通じて小佐野さんに楽しませてもらってきたわけだからね。南の島に行くその日まで、まだまだ楽しませてください！

自己投影観戦記 できれば強くなりたかった

第116回 風間ルミ、宇佐美パトリック、カーフキック

椎名基樹

椎名基樹（しいな・もとき）1968年4月11日生まれ。放送作家。コラムニスト。

風間ルミが55歳の若さで亡くなってしまった。本誌の変態座談会でお話をさせてもらって以来、その魅力にメロメロだったので、とっても悲しい。いつか変態座談会のイベントをやるときがあったら、ゲストに来ていただいてもう一度会いたいと思っていた。

会ってお話をするまで、正直言って彼女に興味を持ったことはなかった。女子プロレスのスター選手は、北斗晶、神取忍、長与千種などみんな男以上に男前の人ばかりである。風間ルミは非常に「女子女子している」。自然に色香を漂わせ、一緒に酒を飲むと楽しくてやたらと進んでしまう。女子プロレスのスターの典型とはかけ離れているので、その魅力を評価するのは外から見ているだけでは難しかった。

ただ会って話してみると、この女子女子したキャラクターで、女子プロレス界を生き抜いてきたことこそが凄いと気がつく。逆に言えばスター選手たちはわかりやすい。風間ルミこそが唯一無二のキャラクターの持ち主だったと悟る。

女子女子しているが、いやだからこそ、他のどのレスラーよりも、たぎるような情熱を内側に持っていた人なのだと思う。強いから闘っていたわけではないのだから。自分でも抑えがきかないような闘争心が心の中で燃えていたのだろう。いちばん気が強かったのが風間ルミだったのかもしれない。

今号の変態座談会で、小佐野景浩は、風間ルミの思い出を語って「あいつ酔っ払うと噛みつくんだよなあ」と言っていて、あまりにキャラクター通りなので嬉しくなってしまった。うわー噛んでほしかったなぁ。いい奴ほど先に死ぬって本当なのかな。ご冥福をお祈りします。

「ＬＤＨ　ｍａｒｔｉａｌ　ａｒｔｓ」に所属する宇佐美正パトリックの修斗デビュー戦は衝撃的だった。「ＬＤＨ　ｍａｒｔｉａｌ　ａｒｔｓ」とは、ＥＸＩＬＥらが所属する芸能事務所「ＬＤＨ」の格闘技イベントを手掛ける関連会社だそうだ。宇佐美は２００人のオーディションを勝ち抜いて、このエリートチームの所属選手の座を勝ちとった。

宇佐美は大阪府出身の21歳。幼少期から打ち込んだ空手で頭角を現し、ボクシングに転向。高校時代にはアマ６冠を達成して、東京オリンピックでも日本代表の有力候補だった。

総合格闘技、ちょっと目を離した隙に凄いことになってるのね。けど読者の総合マニアからすればこんなニュース当然ですよね。せっかく専門誌でコラムを持たしていただいているのに面目ない。昔はすっごく

詳しかったのよ、私だって。

　大手芸能事務所が格闘技に参入してきたことも驚きであるが、高校ボクシング界で名を売った選手が、総合格闘技を選んだことのほうが驚きだった。那須川天心は逆にキックボクシング、総合格闘技からボクシングに転向する。現在よくボクシングと総合格闘技のどちらがメジャーかで、熱い論戦がネットで繰り広げられているのを見かける。

　ただ宇佐美や那須川らは、単に稼げるお金の多寡でその選択をしているわけではなく、それぞれ総合格闘技にボクシングに、ロマンを感じているからこそのチョイスのように見える。

　話は逸れたが宇佐美のデビュー戦である。一発でカーフキックを効かせて、へなへなとうしろへ下がった対戦相手にボディーフックを叩き込んで、戦意喪失に追い込んで勝利した。デビュー戦から何でもできるのね、アマ6冠は。

　それにつけても凄まじきはカーフキックの威力だ。極真空手で、脛へのローキックが猛威をふるっているというネット記事を読んで私が衝撃を覚えてから、もう10年は経っている。当時「結局格闘技のイノベーションって足への攻撃なのね」なんて思ったりした。

　極真の世界大会で大山総裁が日本人にだけローキックを伝授して、外国人はその「秘術」を知らなかったゆえに、なすすべもなく餌食になり、大会後に大山総裁に抗議した。なんて話を思い出す。そりゃそうだ。脚は腕でブロッキングできないもんね。ローキックは厄介だ。

　それにしても脚への打撃が、真剣勝負においてコロンブスの卵的な、見落としていた革新的な技術になるなんて、なんだか笑っちゃう。気づけよって思う。でも気づいた奴すごい。何十年も腿だけ蹴っていて、最近になって脛のほうが有効であると気づくなんて面白い。絶え間なくファイターたちが、人を痛めつけるアイディアを考え続けていることになんだか感動する。

　脛のような硬い部分を蹴ってどうしてそんなに効き目があるのだろうと思っていたけれど、宇佐美の試合を観て理解した。カーフキックって関節蹴りなのね。脛を外側から蹴るのがカーフキックである。膝関節は外側には曲がるが内側には曲がらない。脛を外側から蹴ることによって、テコの原理で膝関節を内側に強引に曲げるのがカーフキックのようだ。

　脚への関節蹴りはここ何年かの総合格闘技のトレンドである。つい先日もUFCで、ローキックを放とうとした選手の軸足を、相手選手が足の裏で蹴りつけ、膝関節が無残に折れてしまった試合があった。ネットの書き込みには「禁止すべし」のコメントが並んだ。

　脚への関節蹴りを、最初に洗練された形で技術に取り入れたのはジョン・ジョーンズだろう。その姿を見て、当時解説を務めていた中井祐樹が「反則にすべき」と言っていたことが印象に残っている。日本一のガチンコ信者の一人だと私が思っている中井祐樹がそう言うのだから、よっぽど関節蹴りは危ないんだなと思った。

　ボクシングと総合格闘技どちらがメジャーかは知らぬが、度々、脚があらぬ方向に曲がってしまうスポーツが真にメジャーになれるとは思えない。総合格闘技はまだまだ整備することが多いと思う。もし関節蹴りが禁止された場合、カーフキックも禁止しなければならないだろう。

ミスター・プロレステーマ曲

鈴木修

KAMINOGE TIME HAS COME

収録日：2021 年 10 月 9 日
写真提供：平工幸雄・鈴木修
撮影・聞き手：堀江ガンツ

時は来た!　プロレステーマ曲の神降臨!
楽曲制作にまつわる秘蔵エピソードベスト盤 !!

「橋本さんが『自分は将来、
プロレス界を背負って立つ金の卵だ。
トップスターにはふさわしい曲というものがある』と
テーマ曲には執着していました。
だからケンカ腰でやり合ったりもしましたけど、
最終的に生まれたのが『爆勝宣言』なんです」

「最初は飛龍革命を始められた藤波さんから曲の依頼があって。『ヘビー級の力強い曲を作ってほしい』と」

――橋本真也『爆勝宣言』、武藤敬司『HOLD OUT』、小橋建太『GRAND SWORD』など、数々の名曲を生み出した〝ミスター・プロレステーマ曲〟鈴木修さんが、2枚組のベスト盤（『鈴木修WORKS 爆勝宣言』）をリリースされたということで、今日は静岡県まで来てしまいました！

鈴木　わざわざ遠いところまでありがとうございます。

――今日はテーマ曲にまつわる話をいろいろ聞いていこうと思うのですが、まず今回、アルバムをリリースしたきっかけはなんだったんですか？

鈴木　私もいろんな団体さんのテーマ曲を作らせていただいてきて、CD化されてない曲も増えていたので、アルバムという形で発表したいと思っていました。それと今年、武藤さんがGHCヘビー級チャンピオンになったタイミングで、『HOLD OUT』の音源をリニューアルしようという話がありまして。レコード会社さんのほうから「ベスト盤を出しましょう」という提案をいただいて、ボクが曲をチョイスして2枚組をリクエストされて、発売につながった形です。

――収録曲のラインナップを見ると、団体の枠を超えて、まさにプロレス界の30年間が詰まってるような感じですけど。もともとプロレスに関わるきっかけは『ワールドプロレスリング』の音効さんだったわけですよね？

鈴木　私はテレビ朝日のいろんな番組の音響効果をやっていました。そんな中、1987年にアントニオ猪木vsレオン・スピンクス、前田日明vsドン・中矢・ニールセンを特番でやったとき、しっかりとした音響効果が必要だろうっていうことで『ワールドプロレスリング』でもやることになったんです。

――あの『INOKI闘魂LIVE』が始まりなんですね。

鈴木　そのときは単発で終わり、音出しの仕事が少しずつ定型化し、翌1987年の『イヤー・エンド・イン国技館』の頃から本格的に選曲のほうを始めたんです。

――ビッグバン・ベイダーのあの印象的なテーマ曲の選曲も鈴木さんがされたんですよね？

鈴木　そうですね。あの大会でベイダーと日本デビュー戦だった馳浩選手の選曲をさせてもらいました。ただ、当時はまだ入場曲について「作曲」という部門がなくて、合法的ではあるんだけど、既存の曲を選曲して使用することに私は疑問があったというか。やっぱり映画みたいにしっかり作り込んでいくべきなんじゃないか、という思いがあったんです。もともと新日本さんはキングレコードさんで星野勘太郎さんや長州力さんのテーマ曲をオリジナルで出していたこともあったんですけど。

――アンドレ・ザ・ジャイアントやタイガー・ジェット・シンのテーマもオリジナルですもんね。

鈴木　でも私が音響効果を担当し始めたときは、あの流れが一旦なくなってしまっていた時期でもあり、またレコードからCDに切り替わるときで、レコード制作の予算もなかなか取れなかったんです。ただ、そんなときに藤波辰爾さんから曲の依頼があって。当時、藤波さんは飛龍革命を始められて、IWGP王者としてベイダーと抗争していたんですけど、体力的に相当厳しかったようで、重い雰囲気だったんですよね。

――新日本が苦しい時期でもあったので、悲壮感が漂ってましたよね。

鈴木　そのときに藤波さんから「ヘビー級の力強い曲を作ってほしい」というリクエストがありました。それまで『ドラゴンスープレックス』や『マッチョドラゴン』を使用してましたけど、「明るくやっていく余裕がいまはない」みたいに言われて。

――たしかに『ドラゴンスープレックス』は爽やかすぎて、ちょっとあの時代には違和感がありましたもんね（笑）。

鈴木　あの曲自体は素晴らしいと思うんですよ。ただあの頃の悲壮な感じとはちょっとイメージが違っていて。それで藤波さんの『RISING』を作ったのが最初のオリジナルテーマ曲なんです。

――最初は藤波さんのテーマ曲だったんですね。

鈴木　次に船木（誠勝）選手の曲も作ってあったんですよ。船木選手がヨーロッパ遠征に行くときに「帰ってきたら曲を作って待ってるよ」と約束をしたので用意して待っていたのですが、帰国したら（新生）UWFに行くという噂があって。船木選手が帰国して、猪木さんと話をするっていうとき、私の事務所も新日本さんのオフィスと同じ建物だったので、新日本広報だった倉掛（欣也）さんと一緒にオフィスで会談が終わるのを待ってたんですよ。そうしたら、しばらくして船木さんが号泣しながら部屋から出てきて「俺、Uに行くっス！」って言ったんで、「じゃあ、『ワールドプロレスリング』には戻ってこないんだ……」と。

――用意していたオリジナルテーマ曲があったのに。

鈴木　まあ、仕方ないですよね。それでテーマ曲は作っていたんで、用賀にあったUWFの事務所に録音6ミリテープを持っていったんです。そうしたら船木さんにその曲をしばらくUWFで使っていただけたんです。

――そうだったんですね。

鈴木　その後はソ連のレッドブル軍団が来るっていうことで、川井憲次先生が作られた曲を選曲させていただいたんですけど、あれはソ連の選手たちにピッタリ合ってるなと。もちろ

小会議室

ん川井先生の曲は素晴らしいんですけどね。

「橋本さんが『曲は自分で選ばせてもらいますよ』と言い出して、持ってきたレコードが『フットルース』っていう映画のサントラなんですよ」

——あれは絶妙な選曲だったと思います。

鈴木　レッドブル軍団は初の東京ドーム興行（1989年4月24日『格闘衛星☆闘強導夢』）でデビューしましたけど、その大会に橋本選手と蝶野（正洋）選手が海外から帰国することになって、彼らのテーマ曲も選ぶことになったんですよ。ところが橋本さんはテーマ曲にえらいこだわりを持っていまして（笑）。

——昔から音楽にこだわりがあったんですね（笑）。

鈴木　海外から帰ってきたばかりのタイミングでしたが、テーマ曲には執着していました。そして東京ドームで流した曲がどうもお気に召さない、との意見を受けまして。私は「合ってると思うんですけど」って言ったんですが、「イメージが違うんや！」って穏やかながらムキになっていましたね。

——そんなクレームが来ましたか（笑）。

鈴木　彼が言うには「自分は将来、プロレス界を背負って立つ金の卵だ」と。「最強のトップスターにはふさわしい曲というものがある」ってことらしいんですよ。

——気持ちがいいほど自意識過剰ですね（笑）。

鈴木　のちにホントにトップに立ったから凄いと思いますけどね。でも、そのときは私と橋本さんは同い年ということもあって、ふたりとも意地になって「イメージが違う！」「いや、この曲は合ってる！」って平行線をたどってしまってね。「じゃあ、越権行為だけど自分で選ばせてもらいますよ」って橋本さんが言うんで、私も「いいですよ。自分で選べばいいんじゃないですか」ってお互い敬語なんだけど、ケンカ腰になってね（笑）。

——売り言葉、買い言葉のように。

鈴木　で、「テレビ朝日のレコード室に4万枚ぐらいレコードがあるから、そこで聴いて、いいと思った曲を選んでください。それを入場でかけますんで」みたいなことを言ったら、新日本のスタッフの女性とレコード室にこもってね。2時間くらいしたら出てきて持ってきたレコードが、『フットルース』っていう映画のサントラなんですよ。

——ベタすぎるぐらいベタな映画サントラですね（笑）。

鈴木　まぁ、選曲をやる人間からすると、有名な映画のサントラを安易に選ぶというのは……。しかも、そのアルバムの中の『ＮＥＶＥＲ』っていう曲で。元ピンクレディーの未唯さんがカヴァーされた曲ですね。

——ドラマ『不良少女とよばれて』のテーマソングだったあれですね（笑）。全然イメージに合わないじゃないですか！

鈴木　でも本人は「これこそ俺のイメージにピッタリだ！」って言うんで。

——自分をどんなイメージだと思ってたんですかね。大映テレビのドラマが好きそうっていうイメージはありますけど（笑）。

鈴木　それで次のテレビ中継が入っていた戸田市民体育館の試合でその曲を使ったんですけど、案の定、会場は微妙な空気になるわけですよ。本人もその空気を敏感に察知したのか、試合後すぐに汗も拭かずにボクが音楽出ししていた体育館の2階に上がってきて、開口一番、「すいませんでしたぁ！　俺に合った曲を選んでください！」って頭を下げてきましたから（笑）。

——これまた気持ちいいぐらいの全面降伏で（笑）。

鈴木　それで仲直りみたいな感じになって。私のほうから「じつはいまモチベーションが高まるようなフレーズを自分の中で温めてるんですけど、それをひとつの曲にしてテーマ曲を作ったら、使ってもらえますか？」みたいな話になって、そうやって生まれたのが『爆勝宣言』だったんです。

——なるほど。でも橋本さんが意地になって『NEVER』を使い続けていたら、プロレス史に残る名曲『爆勝宣言』は生まれなかったかもしれないんですね。

鈴木　でも世界的な名曲『NEVER』を使い続けるっていうのは、さすがになかったと思います。あんな素敵な外し方はなかなかないですから（笑）。

——みんながズッコケるような感じだったんですね（笑）。

鈴木　だから「時が来た！」の前にけっこういいスベリがあったんですよ（笑）。

——あの「時は来た！」は、翌1990年の2・10東京ドームですもんね。

鈴木　あのとき、橋本さんが「時は来た！」って言ったあと、蝶野さんがクスッと笑っちゃったシーンを編集で切るか切らないかって、『ワールドプロレスリング』のスタッフ間で論議になってたんですよ。

——あっ、そんなことがあったんですか。

鈴木「これ、明らかに蝶野が笑っちゃってるよね？　ギリギリで切ろうか」っていう話も出て。でも、あの蝶野さんが吹き出すのも含めて橋本さんが作った流れだから、これは切っちゃダメだっていう話になって。当時の土田プロデューサーも「そうだな。よし、これでいこう！」ってGOを出したんです。

「『HOLD OUT』は武藤さんが帰国してくると決まってから曲の用意をし始めました。NKの凱旋試合で『武藤さんの時代が始まったんだな』って思いました」

——そのおかげで伝説のシーンになったわけですね（笑）。

鈴木　だから橋本さんのスベリにはけっこういろんなドラマがありました。あの東京ドームでは、テレ朝の佐々木正洋さんが久しぶりにリポーターをやって、猪木さんから「出る前に負けること考えるバカいるかよ！」って張り手をやられて。緊迫した空気の中、カメラが橋本&蝶野の控室に切り替わり、プロフェッショナルな蝶野さんが「潰すよ、オラッ！」って毒づいたあとの「時は来た！」だから、あの落差が凄かった（笑）。

——猪木さんのビンタから、破壊王の「時は来た！」でズッコケる、すべての流れを含めて伝説のシーンになりましたよね（笑）。

鈴木　しかし本当の落差は試合の「凄さ、激しさ」でした。

——若い橋本さんが、遥かに格上の猪木さん、坂口さんを容赦なく蹴りまくってましたからね。

鈴木　蹴られた猪木さんと坂口さんは、橋本さんのシューズの紐のあとがついてましたから。あれはまさに爆殺した橋本さんも凄かったし、それを受け止めた猪木さん、坂口さんもやっぱり凄かったと思います。

——そして、その2カ月後、4・27東京ベイ・NKホール大会で今度は武藤さんが凱旋して、『HOLD OUT』が生まれるわけですよね。

鈴木　あれは武藤さんが帰ってくると決まってから曲の用意をし始めていました。どんなコスチュームやスタイルで帰ってくるかっていう話を事前に聞いて、前に使っていた『ファイナル・カウントダウン』の感じとは全然違うなっていうところから曲のイメージを作り始めましたね。それが凱旋帰国の3週間くらい前で、メロディを作って自分の機材で録ったのが10日くらい前。そしてマサ斎藤&橋本vs武藤&蝶野で初めて流したんですけど、どこまで合うか、やっぱり心配だったんですよ。

——武藤さんがどんな感じで凱旋帰国するのか、そしてファンがどんな反応をするのかは想像するしかないわけですもんね。

鈴木　そうしたら武藤さんのステップと曲が一体になって、観客ももの凄く盛り上がっての入場になったので、凄くうれしかったです。あの試合で「武藤さんの時代が始まったんだな」って思いましたね。

——あのNKホール大会から、90年代の新日本黄金時代が始まったような感じでしたからね。

鈴木　闘魂三銃士をはじめとした若い選手がトップに立ち始めて、若いファンもどんどん増えていって、新日本が凄く明るいいい方向に向かい始めた時期でしたよね。そのちょっと前には『ワールドプロレスリング』の番組オープニングの選曲もしました。『ギブUPまで待てない!!』の頃、スポーツ局が制作から離れたこともあって、CHAGE and ASKAの曲とかがオープニングになってたんですけど、ボクの中ではスポーツライクな曲が番組の頭としてほしいと思っていたので、それで選曲したのがいまも使われている『ザ・スコア』です。

――あの選曲も鈴木さんだったんですね。あの曲はもう30年も〝新日本プロレスのテーマ〟みたいな感じで定着しましたよね。

鈴木　あの曲は当時の新日本から感じられた、フレッシュで力強く勢いがある正真正銘の明るい力みたいなイメージで。番組のテーマ曲として、ボク自身も強い思い入れがありますね。あの時代の新日本に携われたことは本当に光栄でした。

――あの時代からプロレスファンになった人はたくさんいますからね。だから当時の入場テーマ曲にはみんな思い入れがあるし。棚橋弘至選手に以前、テーマ曲についてのインタビューをしたときも「ファン時代は『HOLD OUT』と『爆勝宣言』がいちばん好きだった」と言ってましたから。

鈴木　それは光栄です。

――あの90年代前半は三銃士世代がいちばん幸せだった時代でもありますよね。リング上では怖いもの知らずの絶好調で、新日本自体にもお客さんがたくさん入って。巡業なんかも楽しかったって言いますもんね。

鈴木　好きなことを楽しんで、ちょっとハメを外してやってた時代ですよね。とにかく三銃士はおもしろかったですよ。みんなそれぞれにやたら個性があって。しかも協調性があるように見えず（笑）。

――3人ともまったく違うタイプですもんね（笑）。

鈴木　武藤さんはずっと歳上のお兄さんっていう感じで、蝶野さんは都会的な兄貴みたいな感じ。同い年の橋本さんは最初こそ選曲でケンカみたいになりましたけど、その後は友人として接していただいて、道場に顔を出すといつも橋本さんが遊んでくれましたね。

――道場がいちばんの遊び場みたいな人でしたしね（笑）。

鈴木　それに無理やり付き合わされる、当時若手だった天山（広吉）さんや小島（聡）さん、西村（修）さんを見ていて、ホントに気の毒だなって（笑）。

――当時の被害者の方々ですね（笑）。

鈴木　特に西村さんは、よくがんばって耐えたなって思いま

すよ。理不尽なことはしょっちゅうだったし、「橋本さん、それはちょっとないよ」っていうようなこともたくさんありましたからね。空気銃で撃たれたり。あと道場近くの多摩川に投網で魚を獲りに行ったり。

――多摩川が増水すると行くっていう（笑）。

鈴木　それに自分もおもしろがって一緒に行ったりして。「おう、投げてみろよ」って言われてやっても、なかなかうまく投げられないんですよ。そうしたら橋本さんが「へたくそやなー。俺が見本を見せてやるから、見てろ」ってやって見せてくれて、私もだんだん投げられるようになったんですよ。子どもにかえったような感じで本当に楽しかったんですけど、この投網も被害者が多くて。

――若手が無理やり付き合わされるわけですよね。

鈴木　ある日、天山選手を連れて投網に行ったとき、ナマズが獲れたんですよ。橋本選手は「ナマズや！　ナマズや！」ってよろこんでたんだけど、その大きなナマズがスルスルッて網の間から逃げちゃって、川の窪みに隠れちゃったんです。それで手を伸ばしても届かないから「おい、山本！（天山の本名）。道場からタモ（網）持ってこい！」って言って。でも道場にタモなんかないんですよ。

橋本さんに『もう新日本の音楽をやる機会がなくなっちゃった』って伝えたら『俺はずっと曲を変えずにがんばる』って言っていただいて

――そりゃそうですよね。道場はトレーニングする場所ですから（笑）。

鈴木　それで天山さんが「タモ、道場にはないです」って言ったら、橋本さんが「なけりゃ買うって考えねえのか！　駅前行って買ってこい！」って言って、天山さんが「わかりました！」って駅前に向かって。そのあいだ橋本さんがずっと逃げないように足で押さえていて、「まだいるよな？　まだいるよな？」って、ずっとやってるんですよ。

――ナマズにそこまで本気になってるという。そもそも等々力駅前にホームセンターみたいなのはないじゃないですか（笑）。

鈴木　だから天山さんがようやく戻ってきたとき、当然手ぶらで。「橋本さん！　タモ、売ってなかったです！」って言ったら、橋本さんに「バカヤロー！」って凄い剣幕で怒られてね。

――自分で無理難題をふっかけておいて（笑）。

鈴木　私も「もうそれぐらいにしてやんなよ」って言ったら、「バカ！　こっちはナマズが捕れるかどうかの瀬戸際なんだよ！」って言われちゃって。延々と説教したあと、時代劇みたいに「今日のところはこれで勘弁してやる」って吠えて帰りましたからね。だから道場に行くとかならず何かひと騒動ありましたね。あれはあれで私自身は凄く楽しかったですよ。その日は、川に入って下半身びしょ濡れの私を見て同情した（佐々木）健介さんから、緑色の丈夫なパンツをいただいたんです。その後、10年も穿きましたよ。あのとき「プロレスラーはいいパンツ穿いてるんだな」って思いました（笑）。

――破壊王のその手のエピソードはたくさんありますけど、鈴木さんも「替え歌」で被害を被ってるんですよね？（笑）。

鈴木　ああ、そうですね。橋本選手はほかの選手のテーマ曲に勝手に歌詞をつけて控室とかで歌っていました。あれはホントにテーマ曲を作った人間にとっては困惑せざるをえません（笑）。橋本さんのとんでもない歌詞のおかげで、曲のイメージが変わっちゃうので。

――武藤さんのテーマ曲に合わせて「♪む～と～ちゃんはハゲる～」とか歌ってたわけですからね（笑）。

鈴木　武藤さんは、あの橋本さんが歌ってる歌詞が頭から離れないってことで、一度はテーマ曲を変えられたと聞きましたから。

――破壊王のせいで、あの名曲『ＨＯＬＤ ＯＵＴ』が闇に葬られそうになったという（笑）。

鈴木　プロレスラーっていうのは、自分の入場テーマ曲を聴いて気持ちを高ぶらせてリングに向かっていくわけじゃないですか。でも武藤さんは、その大事な気持ちを高ぶらせるときに橋本さんの歌詞がどうしても頭に浮かんじゃうってことで「申し訳ないけど、テーマ曲変えさせてもらうから」ってことになったようです。もうボクからしたら悔しくて悔しくて。

――武藤さんにとっては、試合のたびに「♪む～と～ちゃんはハゲる～」って思い浮かんだら、やってられないでしょうね（笑）。

鈴木　その話を橋本選手にしたら、さすがに「申し訳ない」とは言ってましたけどね。でも橋本さんが亡くなったあと、武藤さんはまた『ＨＯＬＤ ＯＵＴ』を使うようになったんですよね。その理由っていうのが「あの曲を聞くと橋本のことを思い出すんだよ」ってことなんですよね。

――それは凄くいい話ですよね。

鈴木　でも橋本選手の替え歌のエピソードはほかにもたくさんあって、いちばんおもしろかったのは、ライガーさんのテーマ曲に木村健悟さんについての歌詞をあてて歌う曲でした。

――「♪高崎山からよみがえれ～」って、健悟さんを徹頭徹尾、サル扱いする替え歌ですよね（笑）。

鈴木　あとはマサ斉藤さんの『オーバー・ザ・トップ』の替え歌もあるんですよ。

――それはなんでしたっけ？

鈴木　いや、これは表には出せないです（笑）。そういう誌面にするにもはばかれるような替え歌も多いんですよ。だから武藤さんの曲はインパクトとしてはベーシックだなって。

——有名なだけで、あれはまだやわらかい表現なんですね（笑）。

鈴木　ホントに表に出せない、身内だけですよね。あれを楽しそうに橋本さんが歌ってるのを聴くとホントにおもしろいんですけど。三銃士はみなさん、素顔も魅力的ですね。

——鈴木さんは三銃士と同世代ですから、よけいにそうなんでしょうね。

鈴木　橋本さん、健介さん、小橋さんがだいたい一緒の世代です。あと越中詩郎さんの曲も作らせていただいたんですけど、越中さんはテレビで観ていた人なんで、自分の中で尊敬の念がありましたね。

——越中さんのテーマ曲『ＳＡＭＵＲＡＩ』も凄く定着していますけど、あれはもともと「越中詩郎」ではなく「サムライ・シロー」のテーマ曲だったんですよね？

鈴木　あれはグレート・ムタが日本で初めて試合をするとき、ムタvsサムライ・シローだったじゃないですか。武藤さんと越中さんが普段とは違うキャラクターということで、その試合用にふたりのテーマ曲を作ることになったんですよ。ムタの場合は当時、和楽器の音をサンプリングできる機械が発売になったばかりの頃で、私の先輩にサンプリングしてもらってあのムタのテーマ曲を作ったんです。それでムタができて、サムライ・シロー用に作ったのが『ＳＡＭＵＲＡＩ』だったんですけど、越中さんに長く使っていただいてホントにありがたいですね。

——平成維震軍は完全にあの曲のイメージですからね。武藤さんがやっていたプロレスリング・マスターズであの曲が流れると、一気に90年代の新日本の空気になりますよ。

鈴木　それは越中さんが、ずっとご自身のイメージを守り続けているというのもあると思います。

——そうですよね。あと鈴木さんが90年代後半から全日本の選手のテーマ曲を作るきっかけになったのも、橋本さんだったんですよね？

鈴木　そうですね。新日本さんが自社レーベルを立ち上げることになって、私は専属でやっていたわけではないので必然的に離れることになったんですよ。そんなとき、橋本さんの自宅に遊びに行く機会があって「残念だけど、もう俺は新日本の音楽をやる機会がなくなっちゃったんだよ」って伝えたら、「ほかの連中が（テーマ曲を）変えても、俺はずっと変えずにがんばるからな」って言っていただきました。

「小橋さんがドームの健介戦で『GRAND SWORD』に戻したのは、会社の人にもいっさい言わずに極秘でやったそうなんです」

――実際、多くの選手が新テーマに変わる中、橋本さんは最後まで『爆勝宣言』を使い続けましたよね。

鈴木　あれは嬉しかったですね。それだけじゃなくて、橋本選手は「鈴木さんのほうから新日本を裏切ったわけじゃないんだから、これからは全日本の曲を作んなよ」とおっしゃっていただいて。ただ、私も新日本一筋だったのでイメージがわかなかったから、「もし全日本の選手をやるなら、誰？」という話をしたら、橋本さんが「小橋しかないやろ。アイツは（上に）行くよ」って言ってて。当時の小橋さんはまだ三冠王者になる前でしたけど、橋本さんは「アイツがいちばんのスターになる」って、そのときから繰り返し言っていました。

――それで、どういった経緯で小橋さんのテーマ曲を作ることになったんですか？

鈴木　私はもともと全日本の木原（文人＝リングアナ）さんとは、音楽を通じて付き合いがありました。１９９０年の２・10東京ドームに全日本の選手が出場したとき、全日本の曲出しを担当していた木原さんとご挨拶する機会があって、そこからの付き合いで曲を交換したりして。ただ木原さんのほうも「新日本の曲を作ってる鈴木さんに全日本のテーマを頼むのは、新日本さんに対して不義理になるからお願いできない」って仰っていました。それが橋本さんの助言もあって、木原さんにお話ししてみたら「そういうことならお願いします」っていうことで、全日本の選手のテーマ曲を作ることになったんです。

――なるほど。そうだったんですね。

鈴木　それで最初は木原さんからサブゥー選手のテーマの作曲依頼があって、それは単発で終わりだったんですけど、その後、田上明さんや志賀賢太郎選手の曲の依頼もいただいて。それからしばらくして、木原さんのほうから「小橋さんのテーマ曲を変えるタイミングがある」っていうことを聞いたんです。

――ついに小橋さんの曲を作るタイミングが来たと。

鈴木　私は橋本さんからの言葉もあって、そのとき、小橋さんのことは「全日本のトップになる人だ」っていうイメージを持っていたんですね。それとは別に私は自分で『プロレスのテーマ』っていう未発表の曲を温めていたんですよ。これはプロレス界全体を背負って立つようなイメージの曲で、何か機会があればこれを出そうと思っていたんですね。それで小橋さんとテーマ曲の打ち合わせをしたとき、「この曲は自分

破壊王
承

がいちばん思い入れのある曲なので、これを使ってもらえますか?」って聴いてもらったんですよ。そうしたら小橋さんが「これは新日本プロレスの匂いがしますね」と。

――おお～! 新日本の匂いというか、それが〝鈴木節〟なんでしょうけど。小橋さんはそう感じたんですね。

鈴木 それであらためてオリジナルを作りましょうということになって。小橋さんからは「喜怒哀楽を感じられる曲」という希望をいただき、叩き上げでここまで来た方なので「努力して実る正しい力」というテーマで進めました。

――曲を聴いただけで「小橋建太」をイメージできるというものですね。

鈴木 私も小橋さんが叩き上げで苦労されてきた話はよく知っていたんですけど、デビューの頃とかの試合映像は観ていませんでした。それで、どうイメージしていこうかと考えていたとき、たまたま私の実家がある静岡県沼津市のローカルテレビ局が日本テレビさんの系列局で、過去の全日本プロレスの試合を毎日流しているプログラムがあったんですよ。それで小橋さんのデビューからここまでの映像を観ることができて、そのイメージを膨らませて曲を作っていきましたね。

――小橋さんの歩みを曲に落とし込んでいったと。

鈴木 その試合映像を観て、「これは三銃士とは全然違うし、全日本自体、私が道場で楽しませてもらった新日本の雰囲気とは全然違うな」と感じて。規律ある馬場全日本の世界観も出していきたいと思って、これまで作ってきたテーマ曲のサウンドとはガラリと変えて、ピアノのメロディで勝負しようと思ったんです。

――ピアノが主旋律っていうテーマ曲は、それまでほとんどなかったですもんね。でも悲壮感や崇高さまで表現していて「これぞ小橋建太!」という曲になったと思います。

鈴木 最近、インターネット番組で小橋さんとご一緒する機会があったんですけど、小橋さんはプロレスリング・ノアになって3年目ぐらいのときに一度テーマ曲を変えられてるんですよね。それは「スポンサーさんの関係で曲をいったん変えざるをえなくて、すぐに戻したかったんだけど、なかなか戻すタイミングがなくて戻せなかった」ということを番組の中でもお話いただいて、私自身うれしかったんですけど。やはり曲が変わった当時はショックで「もうプロレスの曲を作るのはやめよう」と思った瞬間もあったんですよ。

――入場テーマ曲というのは、その選手のために作ったものですもんね。

鈴木 だけど小橋さんは、その後2005年7月18日の東京ドームでの健介戦で曲を戻しました。あのとき、会社の人には曲を戻すことをいっさい言わず、リハーサルでも前の曲を使って、ほんの一部の人だけに「本番ではこっちを使ってください」って極秘だったそうです。

――そうだったんですか！

鈴木　だから実況アナウンサーの矢島（学）さんも聞いてなかったらしくて。小橋さんの入場のとき、「曲を変えたー！」と叫んだら、ゲスト解説の高山善廣選手に「声が裏返ってるよ」ってつっこまれたりしてたんですけど、それぐらいのサプライズで。あれによって、ある意味でプロレステーマ曲の作曲家としての私も復活しましたね。あれがなかったら、いまは違うジャンルの作曲の割合が増えたと思います。

――また小橋さんが、あそこで『GRAND SWORD』を使ったことで、佐々木健介戦がさらに特別な試合になったと思います。

鈴木　私の中でも、いろんな意味であれがベストバウトですよ。

――あのときは東京ドームですけど、『GRAND SWORD』といえば、いま聴いても日本武道館での小橋さんの姿が思い浮かんで、「小橋」コールが聴こえてくる感じがしますよ。それぐらい小橋さんにピッタリの曲だと思います。

鈴木　そう言っていただけるとうれしいですね。武道館のメインが終わったあと、小橋さんが帰っていくときに『GRAND SWORD』が流れる余韻というものは、私自身、たまらないものがありましたから。

――武道館といえば、今年2月12日にやったノアの日本武道館大会にも行かれたんですよね？

鈴木　はい、行きました。メインがGHCヘビー級タイトルマッチ、チャンピオンが潮崎豪選手で、挑戦者が武藤さん。ふたりとも自分が曲を作らせてもらった選手で、それが武道館のメインで使っていただけるというのは、こんな幸せなことはないわけですからね。夢心地でしたよ。

――試合内容も素晴らしくて、今年のベストバウト有力候補ですからね。

鈴木　本当に素晴らしい試合でしたね。あそこで勝った武藤さんがGHC王者になったことで『HOLD OUT』をリニューアルすることになって、それが今回のベスト盤発売にもつながりましたから、本当にありがたいですし、幸せですね。

――『HOLD OUT』を発表したのは31年も前なのに、いまも入場であの曲がかかり、武道館を熱狂させるって、凄いことですよね。

鈴木　それがプロレスラーの方々の力なんだと思います。だからこれからもファンの人たちに長く愛していただけるような曲を作っていきたいです。いまは三冠王者のジェイク・リー選手のテーマ曲『戴冠の定義』をリアレンジ中です。機会を与えていただいた選手、関係者の方々に感謝ですね。

鈴木修（すずき・おさむ）
1965年生まれ、静岡県沼津市出身。作曲家、編曲家、ギタリスト。
テレビ番組の音響効果の担当をしていた縁で80年代後半より『ワールドプロレスリング』（テレビ朝日）も担当。数々のプロレスラーの入場曲の制作を手がけることとなる。新日本プロレス、全日本プロレス、プロレスリング・ノアといったメジャー団体の選手に多くの曲を提供しており、代表曲に橋本真也『爆勝宣言』、武藤敬司『HOLD OUT』、小橋建太『GRAND SWORD』などがある。2021年9月15日、ベスト盤『鈴木修 WORKS 爆勝宣言』2枚組をキングレコードよりリリース。

［相席スタート］

山添 寛

おもしろい人はなぜおもしろいのかを
調査する好評連載・第10回

収録日：2021年10月12日　撮影：タイコウクニヨシ
聞き手：大井洋一　構成：井上崇宏

**芸人界きってのイケメン風男子は
突如なぜクズっぷりを露わにしたのか!?**

「ボクが取り残されるのは目に見えてたんですけど、
これはもう無理やと思ってじつは1回解散を
切り出したんですよ。そこで1回芸人を
辞めてるような感覚なので
『もうどうでもええわ』となった。
もうどう思われてもいいから、
そこでいろんなガードを全部外したんですよ」

男女コンビ、相席スタートのツッコミとして山添さんのことは以前から知っていて、その印象は「無味無臭なフツーの人」というものだったんですが、異常者というのは得てして日常に溶け込んでいるもので、何度か番組に出ていただくうちに溢れ出るノイズを抑えきれなくなり、いまや借金癖、ギャンブル狂、女たらしと、その素顔が明るみに出て、清潔感のある変態として活躍されています。

取り繕うことをやめたことでスポットライトを浴びることとなった山添さんから、とても学びの多いお話を聞かせていただきました。（大井）

「彼女にコスプレをしてほしいときは、言われちゃったから仕方なくっていう雰囲気を作ることが大切ですね」

山添　ボクはアウトサイダーが好きで、大井さんの試合もよく観てました。

——えっ、そうなんですか!?

山添　なので前から知っていて、構成作家さんと同時に格闘技をやられていて、両立する種目がこんな違う人がいるんやと思って。凄いですよ、ホントに。男としてめちゃくちゃカッコいい。

——とんでもない！　いやー、ありがとうございます。山添さんも空手をやってたんですよね？

山添　3年ですけど、はい。中2のとき、親友と「格闘技をやりたいな」とずっと言ってて。ボクもその親友もサッカー部だったんですけど、いろんなところに体験に行こうとなったとき、ボクがサッカーで骨にひびが入って「ちょっと行かれへんわ」ってなったんですね。そうしたら先に友達が「空手に入ったわ」って。それで「1回体験においでよ」って言われてケガが治ってから行ったら、150センチぐらいのホームレスのおじさんみたいな人が館長をやってて。

——山添さんの出身の京都の道場ですね？

山添　はい。それでその人に「組み手をやろか。どっからでも本気でやってきぃ」って言われて、ボクはやっぱなめつつも思いっきりやったんですけど、びくともしなくて。それでその150センチのおじさんに顔面を蹴られて、その日に「ここにしよう！」と思ったんですよ。

——前田日明の立志編と同じですね（笑）。

山添　「すごーい！」って思いました。上には上がいすぎるなって。やっぱ当時はK－1が好きで、そこから総合も観るようになるんですけど、プレイヤー目線では絶対に観てなくて、いち視聴者として楽しんでた感じでしたね。

――先日、単独ライブをやられてましたけど、ボクも拝見させていただきました。

山添 えっ、ホントですか？ うわ、ありがとうございます。

――あれは相方のケイちゃんが結婚して、ひとりでの活動が多くなりそうだなと思って始めたんですか？

山添 振り返って話しますと、ケイさんとコンビを組む段階からそこは意識してたんですよ。いつか結婚しはるし、お笑いの優先順位がほかの芸人さんよりも低い方なので。

――女としての幸せを掴むことをゴールにしてると。

山添 それを優先されている方ですし、「そういう人間だから」と組んでからも言われてたので。

――最初に宣言されていたんですね。

山添 はい。だから「ケイさんは結婚していつ辞めるかもわからないし、自分で何か見つけておかないと」っていうのは最初からありましたね。だからいつかピンネタライブをやらんとと思ってて、ご結婚されてひらめいたっていう感じですね。

――そうだったんですね。もともとボケの気質ではあったんですか？

山添 ボケかツッコミかわからへんまま養成所に入ったんですけど、最初に前のコンビを組んだときはボクがネタを作りながらのボケでした。

――相席スタートも山添さんがネタを作ってたんですか？

山添 はい。前のコンビからボクはツッコミに変わっていて、それでケイさんと組むってときに自然とツッコミになって、ネタも作ってっていう感じですね。

――でもボケのときもいい顔をしますよね（笑）。

山添 そうですね（笑）。最近になってボケ側の人間なのかもしれんなとは。

――ボクがいちばん好きなネタが「コスプレのお願いの仕方」で、あれはホントになるほどなと思って、学びが多かったです。

山添 たとえばセーラー服を着てほしいってときに、彼女の家で「学生時代の写真とかない？」って見せてもらって、「えっ、全然変わらへん！ いまでもいけるやん」って言ったときに否定してくる彼女に、絶対負けずに言い返して「じゃあ、それだけ言うんやったら制服着てみてよ。実際にいま」って言ったら勝ちですね。

――勝ち負けなんだ（笑）。

山添 言われちゃったから仕方なく、っていう雰囲気を作ることが大切ですね。

――相手を立てて、上げつつということですね。

山添 その仕方なくっていう状況を作らないと。なのでアニメのコスプレがいちばん難しいと思います。女性がいちばん引くやつなんで。

「全財産を有馬記念に賭けたら外れてゼロになったとき、ボクの中で1個上のステージに行けた。『あっ、死なへんのや』と」

――アニメのコスプレを着てもらうためにはどうしたらいいでしょうか？

山添　彼女が自分の家に来るときに、先に自分がアニメキャラクターになって待つことですね。

――そこまでしなきゃダメなんですか（笑）。

山添　それでボクが炭治郎をやってる状態だったら、彼女は禰豆子にならなしゃあないですからね。

――まず禰豆子の衣装がそこにある時点で、彼女は引いたりはしないですか？

山添　よく考えてみてください。一歩外に出た状況やと、多数決でボクが炭治郎のコスプレをしてることが変になりますけど、ボクの家で一対一になったら多数決でこれはトントンになるじゃないですか。そこで「これだけの熱量で炭治郎を演じられてると、もしかして私が普通の服でいることが恥ずかしいんちゃう？」っていうところまで持っていくんですね。

――そうしたら勝ちですか？

山添　勝ちです。俗に言うヌーディストビーチ現象ですね。それを当たり前の世界にすることです。

――なるほど。それとボクが山添さんにどうしても聞きたかったことがあるんですけど、AVのジャンルでハメ撮りが凄く好きなんですけど、ハメ撮りってめちゃくちゃお願いしづらいんですよ。

山添　こういうご時世だと余計にそうですよね。

――だからお願いしたことがないんですけど、これはどう持っていったらいいでしょうか？

山添　これはめちゃくちゃ簡単で「会えない時間もあなたでオナニーしたいから」です。絶対にそれがいちばんです。ちょっとエロい顔をして鼻の下をこすりながら言ってみてください。

――ありがとうございます。

山添　ただ、ボクは別れるときに相手を安心させるために全部消してます。めっちゃ後悔しますけど。

――これからも単独でのネタはコンスタントにやっていくつもりなんですか？

山添　まあ、1年に1回ぐらいはできたらいいなと思ってるんですけど。でもやっぱ大変でしたね。

――ひとりは大変でした？

山添　コンビだときっかけ台詞をくれるのを待ってるじゃないですか。それに慣れてる身体なんでピン芸人の方はホント凄いなって思いました。でもピンネタになると、普段と違う

ふざけ方ができるのでそれはうれしいですね。

――山添さんって、ボクの中では岡野陽一さんと同じカテゴリーに入れさせてもらっているんですよ。

山添　えぇっと、ボクにはそんなつもりもなく。

――岡野さんと同じく、借金グセがあるというか。

山添　ああ、そうなんですよ。昔は1回も借金とかしたことがなくて、ちょっと毛嫌いしてるほうだったんですよ。なんやったら、お金を貸したりはしてたけど。

――それが東京に出て来てから変わったと。最初はやっぱり生活苦からの借金なんですか?

山添　ギャンブルです。月の給料が5、6万くらいのときに、ふと持っている全財産を有馬記念に賭けようと思って、それで賭けたら外れて「クソーッ!」となって全財産がゼロになるじゃないですか。そこからなんとかしてバイトで食いつないだとき、ボクの中で1個上のステージに行けたというか。

――すみません、ちょっとまだわかんないです(笑)。

山添　幅が広がったというか。「あっ、死なへんのや」と。

――「全財産がゼロでも人は死なない」と。

山添　はい。それと携帯を1週間くらいなくしたこともあって、そのときも携帯がない生活のほうが気づきはいっぱいあるなと。あるいは電気やガスが止まったときも「あっ、壁ってこんなにありがたいんや」とか「バスタオルはほんまに暖かいな」とか、ゼロになったときに気づけることってたくさんあるよと、そのときに知って。それからギャンブルにのめり込んで、ボートレースも好きになり。

「ボクは信頼関係を築けない人からは借りないですね。それはお断りしています。マジでけっこう審査は厳しいです」

――それはゼロになる怖さがなくなったってことですか?

山添　そうです。それで背水の陣の身体の震えとか、目の血走りとかを味わいながらも「あっ、これは年1でやっていかんとあかんな」となって。そうなってから相方のケイさんが同期に40万を貸してるっていう話を聞きつけたので、ケイさんに「正直ヤキモチを焼いてます。相方のボクを差し置いてほかの方に40万貸してるそうじゃないですか。同額貸してほしいです。ボートレースにぶち込ませてください」っ言って。そうしたら「なんでよ!」となりつつ貸してくれて、約束通りに40万を1レースに賭けて身体の震えが2、3日止まらへんっていう(笑)。

――外れたんですか?

山添　外れました。それでいまに至ります(笑)。それからだんだんとステージが上がっていったというかコマンドが変わったというか。でもボクが借金をしてることはケイさんや近い芸人しか知らない状態で、ボクもわざわざ言うのは下品ですから言わないじゃないですか。なのに鬼越トマホークに番組で暴露されたんで、そこからはもう振り切って。

――また、そこでさらに強くなったりしました?

山添　どうですかね。隠してるものがなくなったんで、身体が軽くはなりました。

――この人からは借りるけど、この人からは借りないみたいなポリシーとかあるんですか?

山添　ボクは信頼関係を築けない人からは借りないですね。それはお断りしています。

――ちょっと上からなんだ(笑)。誰かれかまわず借りるわけじゃないぞと。

山添　マジでけっこう審査は厳しいです。1個目の基準としては、ボクに一銭も貸したことがないくせに「相方に借りんなよ」って言ってくるような輩には借りないです。

――否定される覚えがないと。

山添　覚えがないです。ルールを無視して何を言ってきてるんだと。

――でも相方から借金すると、ギクシャクしたりするじゃないですか。

山添　はいはい、本来は。

――「まだ返せてねえんだよな……」とか。たとえばボクは、カネを貸してる相手がスタバのコーヒーを持ってるだけで「なんだ、コイツ」みたいなイラつきが出たりするんですけど。

山添　貸主からしたらそうですよね。それは大井さんにそう思わせたそいつが最低な借主なんですよ。ボクはケイさんにそう思わせたことがないんで。

――そこにはどういう気づかいがあるんですか?

山添　たとえばボクが季節によって服装を変えてるのとかを見ると、カネを貸してるケイさんはやっぱイラつくんですって。だから「いやケイさん、違うんですよ。これはボクじゃなくて日本に四季があることがよくないんです。ボクだってハワイだったらアロハしか着ませんよ。ここは日本なんです」と。そっちにスライドして「ああ」ってちょっとでも思ってもらえたら笑ってもらえるんで。そこのフォローができない人はお金は借りないほうがいいです。

――いまお金に困ってる人っていっぱいいるじゃないですか。だけど、お金の貸し借りはホントによくないぞとか、友達同士でカネの貸し借りをしたら関係が崩れるぞっていう話もよくありますよね。そういう声にはあまり共感しないほうですか?

山添　でもボクはたぶん自分の子どもにもそれと同じような教えをするでしょうね。だから「吉本に入るな」と一緒です。芸人からしたら、子どもには芸人を目指してほしくないんですよ。めっちゃ大変な仕事だってわかってるし、ずーっと食えないのをほんまに我慢できるとは思えないし、生半可な覚悟でお笑いが好きやからくらいでは絶対に芸人にさせたくない。借金というのもその気持ちと似ていて。

――つまり、カネを借りるのも大変なんだぞと。

山添　カネを借りるのは簡単やと思ってる人が凄く多いんですけど、まずその貸主の人から信用されてないとあかんし、たとえば「返すのはもうちょっと待ってください」のときに待つ価値があるくらいのおもしろエピソードを話せないとダメですし。

――利息代わりのエピソード。

山添　そうです。そもそも「こういうことに使おうと思ってるんです」っていうおもしろプレゼンができて初めて、向こうが1回ないし2回拍手笑いをしてくれて貸してくれそうになるんですよ。そういった努力をちゃんと見越したうえで借りようとしてるのかと。多くの人はきっとしていないから、「すんな」ってことです（笑）。誰にでもできることではないと思いますから。

――借りたお金のおもな出先っていうのは、やっぱりギャンブルですか？

山添　そのスタイルを取ってます。そのことをちゃんと伝えて、そのうえで貸してもらっているので。

「大先輩たちの番組でいいのを出せたら、その刺激でそこから2週間くらいはギャンブルをしなかったりするんですよ」

――ギャンブルに使うとなると、なおさら嫌がられませんか？

山添　これまでボクが借りたのは、ケイさんのほかだと同期の芸人のドンデコルテの渡辺（博基）くんで、彼とはルームシェアをしていて一緒に住んでたんですね。それで渡辺くんに「家賃を使わせてほしい」と。

――シェアして住んでいる部屋の家賃を。

山添　「今月の家賃を競馬にぶち込みたい」と。そうしたら「なに考えてんの？　おまえそれ、滞納とかになってウチの親に連絡が行ったら最悪やん」って言われたので「それはなんとかする」と。「ネコタイショウっていう馬がいて、どれだけ強いかっていう話がある。これに俺の家賃とおまえの家賃を全部ぶち込ませてくれ」って言ったんですよ。

――1カ月分の家賃を全額。

山添　そうしたら渡辺くんは凄く聞く耳を持ってくれるヤツなので、「絶対にあかん！」と言いつつも「じゃあ、おまえの気合いと信頼度を見たいから、それをいま音で発しろ。それを聞いて判断する」と。それで「パッカパッカパッカパッ

KAMINOGE vol.119

定期購読のご案内！

より早く、より便利に、そしてお得にみなさんのお手元に本書を届けるべく「定期購読」のお申し込みを受け付けております。

発売日より数日早く、税込送料無料でお安くお届けします。ぜひご利用ください。

- ●購読料は毎月1,120円（税込・送料無料）でお安くなっております。
- ●毎月5日前後予定の発売日よりも数日早くお届けします。
- ●お届けが途切れないよう自動継続システムになります。

お申し込み方法

※初回決済を25日までに、右のQRコードを読み込むか、「http://urx3.nu/WILK」にアクセスして決済してください。
以後毎月自動決済を、初月に決済した日に繰り返し実行いたします。

【例】発売日が12/5の場合、決済締め切りは11/25になります。

※セキュリティ設定等によりメールが正しく届かないことがありますので、決済会社（@robotpayment.co.jp）からのメールが受信できるように設定をしてください。

※毎月25日に決済の確認が取れている方から順次発送させていただきます。（26日〜28日出荷）

※カードのエラーなどにより、毎月25日までに決済確認の取れない月は発送されません。カード会社へご確認ください。

未配達、発送先変更などについて

※ホームページのお問い合わせより「タイトル」「お名前」「決済番号（決済時のメールに記載）」を明記の上、送信をお願いします。
返信はメールで差し上げておりますため、最新のメールアドレスをご登録いただきますようお願いします。

また、セキュリティ設定等によりメールが正しく届かないことがありますので、「@genbun-sha.co.jp」からのメールが受信できるように設定をしてください。

株式会社　玄文社
［本社］　〒108-0074　東京都港区高輪4-8-11-306
［事業所］東京都新宿区水道町2-15 新灯ビル3F
TEL 03-5206-4010　FAX03-5206-4011
http://genbun-sha.co.jp　info@genbun-sha.co.jp

KAMINOGE

カ！」って蹄の音を小竹向原で叫んだんですよ。そうしたら渡辺くんが「持ってけ！　持ってけ！」って（笑）。

——アハハハハ！　それでネコタイショウに一点賭けをしたら？

山添　10何着で負けましたね。

——まったく惜しくもない（笑）。

山添　やっぱりネコレベルでは馬にはかなわないです。それで必死に日雇いをして家賃を作って、払って。

——逆に、当たっておいしい思いをしたことはあるんですか？

山添　もちろん当てて生活をめっちゃ豊かにするために夢を追ってるわけですけど、「今月は余裕や」みたいなのとかはないです。めっちゃ当たったこともありますけど、それも50万とかのレベルですね。そういうときは乗せて返します。貸してくれた人が損をして、ただ貸すだけっていうのはいちばん嫌なので、1万を乗せて返したり、ケイさんにも毎回振り込むたびに1000円を上乗せとかして。手数料とかもかかってますでしょうから。

——そのギャンブルがあることが人生を豊かにしてるっていう感じなんですか？　ボクはギャンブルをやらないんでわからないんですよ。

山添　大井さんは構成作家ですけど、格闘家の顔もあるじゃないですか。そこで別の刺激を持っていらっしゃるんやと思うんですよ。ボクも芸人とギャンブルという違う刺激を求めてそっちで。

——でも芸人としての刺激も相当だと思うんですけどね。

山添　これは不思議なもんで、これまで言ってないことなんですけど、大先輩たちと対峙する番組、それこそ千鳥さんの番組とか、さんまさんの番組とかでいいのを出せたら、その刺激でたぶんお腹いっぱいになるっぽくて、そこから2週間くらいはギャンブルをしなかったりするんですよ。

——それで刺激が1回満たされるんですね。じゃあ、芸人として充実してくると、ひょっとしたらギャンブルもやらなくなってくるかもしれない。

山添　かもしれないですね。やっぱ自分が追い込まれた状態での「これ、いけるかもしれん」「でもスベるかもしれん」っていうのもギャンブルじゃないですか。そこは双方通じてて、ウケたときに満たされるんやと思います。

——そもそもケイさんとコンビを組むことになったきっかけは、作家の山田ナビスコさんから「おまえら、組んだらどうだ？」って言われたんですよね？

山添　山田さんからめっちゃ言われました。ただ、男同士で漫才するイメージしかしてこなかったんで「その選択肢はないな」と思ってて。ボクが先に前のコンビを解散したんですけど、そのあとケイさんもコンビを解散しはって、それをケ

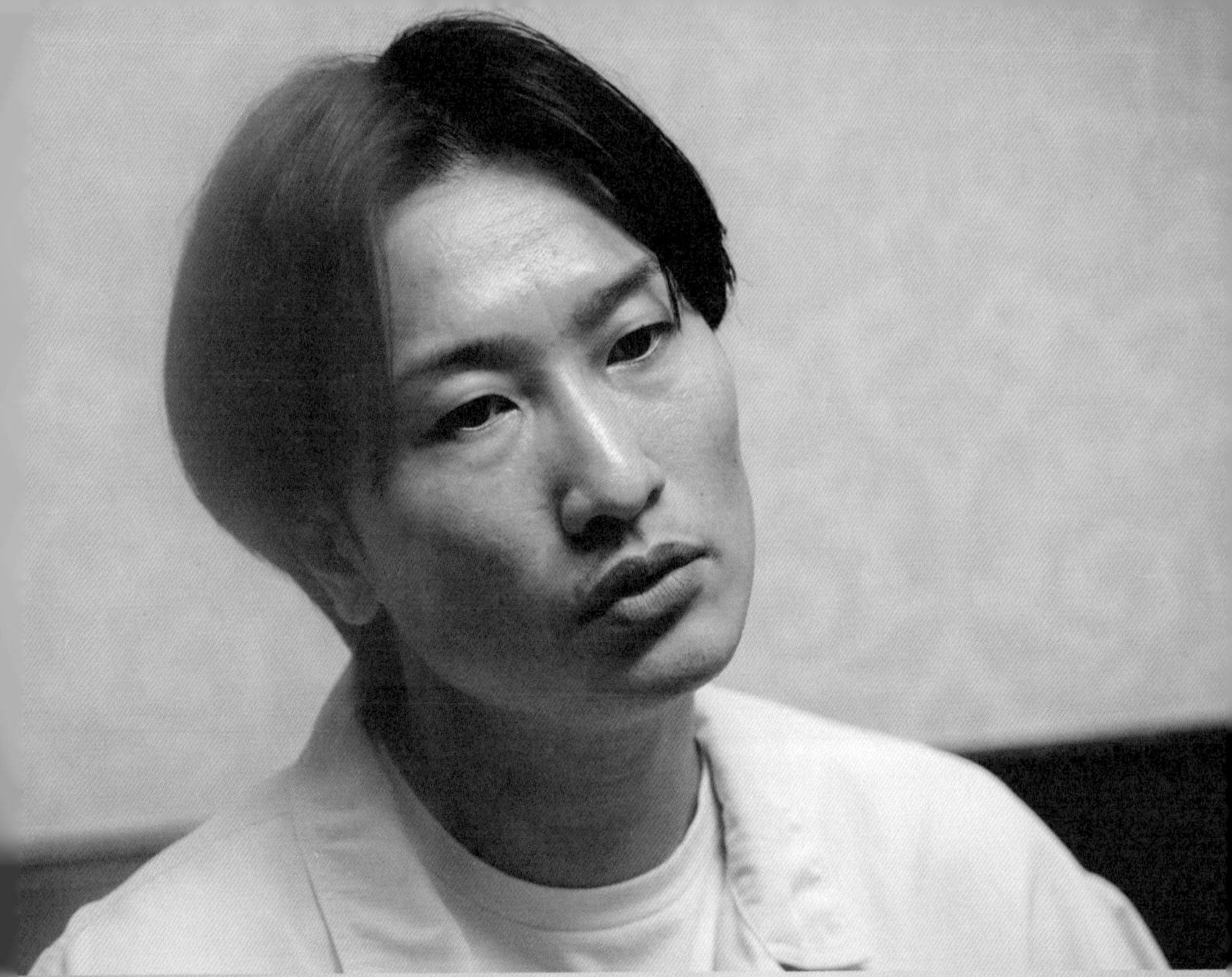

イさんが山田さんに報告しに言いに行ったときに山田さんが「おまえ、山添と組め」って勧めたらしくて。それでケイさんも「いやいや、それはないです」って断ったと。

――お互いにしっくりとこなかった。

山添　お互いにあまりイメージがよくなかったんですよ。ボクはケイさんのことがめっちゃ怖かったですし、ケイさんはボクのことを胡散臭いヤツだと思ってて。でも、ふたりをとりもつ会みたいなのを山田さんにされて、そこから番組もちょっと一緒に入ったときに「こんなきっかけもないかもな」と思って、ボクからコンビを組むことをお願いした感じですね。

――組んでみての手応えってどうでしたか？　ボクは男女コンビって意外とネタの幅が狭いと思ってるんですよね。

山添　ボクもそう思います。

――どうしても恋愛絡みのネタになりがちというか。よっぽどボケの女のコが飛んでいくんだったら蛙亭みたいなネタでもいいのかもしれないんですけど。

山添　やっぱ男でも女を演じれるし、それが普通に見てもらえるから。でも恋愛絡みだったらほんまの女芸人が演じる女性役のほうがおもしろいっていうので選ばれがちだから、それで余計に狭くなるってことだと思います。

――ネタを作っていると、どうしてもそういうところに行きがちですよね。

山添　あとはケイさんが女芸人さんの中でも、できることとやりたいことが狭い人やったんですよ。だから最初にボクが「こういうネタはどうですか？」って提示したやつは全部却下されて、前のコンビを引き継いでるようなネタしか通らなかったんです。それで「これはあかんな」となって、ケイさんが前のコンビでやってたネタを洗いざらい見直して、ひとまずこれでやってもらおうと。それしか通らへんから（笑）。それで、そこから男女コンビバージョンでさらにブラッシュアップしたようなネタを作っていって、なんとか幅を広げていこうという作業でした。

「1号艇から買って6倍くらいのやつに賭けてるわけじゃないから、もし明日から仕事がないとかなったら、いさぎよく辞める気持ちではいます」

――やっぱり男女コンビって、最初はケイさんのほうにスポットが当たるじゃないですか。ケイさんの「女性ってじつはこういうことを考えているんですよ」「女性の本音ってこうですよ」っていうのでテレビに出ていったわけですけど。そこでちょっと山添さんは出遅れた感じになったと思うんですけど、そこの焦りとかはなかったんですか？

山添　いや、組んでネタを考えてるときからそうなるもんだと思っていたんで必然でしたね。ケイさんが全国に知られるように、その特色を生かしたネタをボクが作ってたんで（笑）。

――ケイさんが売れていくのは想定通りで。

山添　ボクが取り残されるのは目に見えてたんで。そうして相方が売れていくようにネタを作ってるうちに「これってぃまどういう状況なん？　あっ、俺は一生売れへんな」みたいなのはあって（笑）。ほかにもいろいろとあって、これはもう無理やと思ってじつは1回解散を切り出したんですよ。「すみません。ちょっともうボクは相方としては務まらないです」と。そのときにケイさんが「もうちょっとがんばろうよ」みたいなことを言ってくれはって、いろいろと話し合いをしてもう1回やっていくことになったんですけど。そのタイミングでボクはもうお笑いを辞めて実家に帰ろうって思ってて。

――時期的にはいつぐらいですか？

山添　M－1に行ったあとくらいなので2017年とかですかね。だからそこで1回辞めてるような感覚なので「もうどうでもええわ」となって。もうどう思われてもいいし、ケイさんが引き立つようにと思ってたガードみたいなのを全部外したんですよ。それで自分が言いたいことも言おうと思って、いまに至る感じですね。

――そこから、いろんなエピソードを自由にしゃべれるようになったと。

山添　これはコンビにとって邪魔やからやめておこうと思ってたエピソードとか。

――コロナ禍に入ってからか、ちょっと前からなのかな。ボクも山添さんがなんか自由になったなって感じてはいたんですよ。でも、もっと普通の人だと思ってました。まさかこんな常軌を逸した人だったとは（笑）。

山添　そうなんですよ（笑）。だからここ3年くらいですよね。たしかに下品な話だから自分からはせんとこうとは決めてるんですけど、聞かれたら赤裸々にしゃべると。ただ、クズ度やゲス度が強ければ強いほど、言葉づかいを丁寧にしようっていうのを心がけていまして。

――それは詐欺師と同じ考えですよ（笑）。

山添　人間味がなかったぶん、人間味のある話をしたときに「クズやな～」って言われつつも受け入れられてる感じがあって。どうせ独身やし、家庭があるわけでもないし、まあ親はちょっと泣かせるときがありますけど。

――親からはやっぱり言われるんですか？

山添　そうですね。『ラヴィット！』に出たときにサイコパス的なかきまわし方をしたら、親から初めて長文のＬＩＮＥが来て「もっと番組の意図を理解して出れくれんと。お母さんは本当に残念でした」って（笑）。

――いいお母さん（笑）。

山添　でもまあ、いまだけちょっと辛抱してもらって、恩返ししできたらとは思ってますね。

――ゆくゆくのビジョンはどう描いているんですか？

山添　唯一無二になりたいですね。

――自分の番組を持ちたいとか。

山添　そうなりたいですし、もっと稼ぎたいなとは思います。現状の普通に食えるくらいの額で満足するためにこの世界に飛び込んだわけではないので。

――まあまあ食えればよしのギャンブルはしていないと。

山添　やっぱ1号艇から買って6倍くらいのやつに賭けてるわけじゃないですから。だから、もし明日から仕事がないですとか、食えなくなったら、いさぎよく辞める気持ちではいます。

――そうなんですか？

山添　それはずっとあります。もう13年目になるんですけど、なんとか話を振ってもらえる状況にいまなれたんですよ。そういうやっと勝負をさせてもらえるような状況に来て、食えるだけのお金をもらえるようになって、ここからいままで食えなかったぶんの稼ぎを取り返すか、それともこのまま終わりですって辞めるかのギャンブルなので。

「ボクと太ってはるデブの人の大喜利の回答は違う。かわいい人はかわいい自分の見た目で回答を見つける。それは全芸人がしてることです」

――いまはレースの途中だと。

山添　途中です。そこでギャラを増やせへんのやったら、そこまでだったと認めないと。ずっとダラダラと芸人をしてるのはよくないし、味を薄くして稼ぐのも嫌ですから。厳しい世界だとは思うんですけど、やりがいはありますね。ひりつきます。

――ひりつく（笑）。男女平等、ジェンダーレスとかが叫ばれてる世の中ですけど、女性が相方だと男同士のぶつかり方とは違うじゃないですか。

山添　まったく違いますね。ましてやケイさんが女の部分がめっちゃ強い女芸人さんなんで、より特殊なんです。

――「女芸人」って言われて、女扱いされることも嫌だっていう人もいますけど、ケイさんはちゃんと女性として扱ってほしいという人ですよね。

山添　まさにその通りです。そのへんのことはボクはあまり細かくは捉えてないんですけど、見た目の違いでしかないと思ってて。たとえばボクと太ってはるデブの人の大喜利の回答って違うじゃないですか？　ボクは自分の見た目でウケる大喜利を探してるし、デブの人はデブの見た目でウケそうな大喜利を探してる。かわいい人はかわいい自分の見た目でおもしろい回答を見つける。っていうことは全芸人がしてることだと思うから「女やからそう見るな」っていうのは、たしかにセクハラまがいな同じような振りばかりしてくんなっていうフラストレーションはあるんやろうな、気をつけなあかんなって思います。ただ「女じゃなくて芸人として見ろ」っていうのは、たとえば「ボクをチビの人やと思って振ってくれ」って言うくらい無理な話じゃないですか。見られ方に合った返しで、どれだけおもしろいものが出せるかのスポーツやから、あまりボクはそこにピンとはこないですね。

——逆に言うと、男か女ってところを気にしたことがないと。

山添　気にしたことがないです。

——わかりました。最後に、最近「冗談じゃない！」って思ったことはありますか？

山添　冗談じゃないと思ったことですか。ボクはケンドーコバヤシさんにお世話になってまして、かわいがっていただいてるんですけど。ある日、コバヤシさんにご飯を誘っていただいて、その移動中のタクシーで相談をさせてもらったときに最初で最後の説教をされたことがありまして。

——ケンコバさんから説教を。穏やかじゃないですね。

山添　その相談というのは「大人のおもちゃを女性に使いたいんですけど、どういうふうに使用を促したらいいですか？引かれへんかなと思って勇気が出ないんですよね」って言ったら、「カッコつけんな、おまえ！」って。

——あっ、そっち系の相談（笑）。

山添　「あのな、おまえが恥ずかしいことをしようとしてんのやろ。何を女性側を軸に考えて自分が恥かかんようなアプローチをしようとしてんねん！　逆じゃ、ボケ！　恥ずかしいことをお願いするんやったら、まず自分が恥をかけ。その恥を女のコが受け入れてくれるかどうか、そういう話やろ！」って言われて、ボクも「はい、その通りです……」と。

——めっちゃ怒られたんですね。

山添　それで「じゃあな、そのおもちゃを使いたいんだったら、まず女のコがシャワーを浴びるわな。そのときに大人のおもちゃをおでこに2本立ててタオルで巻いて、八つ墓村みたいにして待っとくねん。それで女性がシャワーから出てきたときにププッて笑ってくれたらおまえの勝ちや」と教えてくれたんですよ。

——さすがですね。

山添　それで「ありがとうございます！」って言って。後日、ボクは女のコとそういうことができるとなって、女のコがシャ

ワーを浴びてるときにボクは大人のおもちゃを1個しか持ってなかったんで、そのおもちゃを言ったらユニコーンスタイルというか、かぶと虫スタイルでおでこに巻いて待ってたんですね。そうしたらシャワーから出てきた女のコに「なに!?キモッ!」って言われて、ボクは一気に血の気が引いて「な～んてね!」って言って、その日はできなかったんです。あれはホント冗談じゃないっスね。エッチなことができたのに1回損してるんですよ。

――ありがとうございます。たしかに「人に恥ずかしい思いをさせるなら、まずは自分が恥をかけ」っていうのは格言ですね。

山添　大事なことは全部コバヤシさんから教わっています。

山添寛（やまぞえ・かん）
1985年6月11日生まれ、京都府京都市左京区出身。芸人。相席スタートのツッコミ・ネタ作り担当。
高校を卒業後、芸人を志しNSC東京校14期生となり最初のコンビであるヒダリウマを結成。2012年8月に解散して2013年2月より山﨑ケイと相席スタートを結成する。山﨑がボケ、山添がツッコミを担当し、『M-1グランプリ2016』にて決勝進出を果たし、ルミネtheよしもとなどの舞台で活躍。極度のギャンブル好きであり、相方の山﨑にも多額の借金をしている。

大井洋一（おおい・よういち）
1977年8月4日生まれ、
東京都世田谷区出身。放送作家。
『はねるのトびら』『SMAP×SMAP』『リンカーン』『クイズ☆タレント名鑑』『やりすぎコージー』『笑っていいとも!』『水曜日のダウンタウン』などの構成に参加。作家を志望する前にプロキックボクサーとして活動していた経験を活かし、2012年5月13日、前田日明が主宰するアマチュア格闘技大会『THE OUTSIDER 第21戦』でMMAデビュー。2018年9月2日、『THE OUTSIDER第52戦』ではTHE OUTSIDER55-60kg級王者となる。

坂本一弘

馬乗りゴリラビルジャーニー（仮）

第15回「VTJ復活」

構成：井上崇宏

（さかもと・かずひろ）
1969年3月4日生まれ、大阪府大阪市出身。
修斗プロデューサー/株式会社サステイン代表。

――11月4日に新木場のスタジオコーストでVTJが5年2カ月ぶりに復活!! ただ、今号は11月5日発売です（笑）。

坂本 まあ、ギリギリ大会後じゃないからいいじゃないですか（笑）。

――坂本さん。正直に答えてほしいんですけど、VTJを復活させようという思いに至ったのは、この連載でいろんな昔話をしていたことがきっかけなんじゃないですか？

坂本 それはない（きっぱり）。

――あっ、ない（笑）。

坂本 全然ないよ。何を言ってるんですか（笑）。

――ボクは絶対にそうだと思いましたし、なんなら協賛をしなきゃいけないかなぐらいに思ってましたよ。

坂本 えっ、ホントに？ じゃあ、『KAMINOGE』がきっかけでした。なんて言うわけないじゃないですか（笑）。まあ、きっかけだったかどうかで言えば、ないです。でもゼロかって言うと、なんでもゼロじゃないんですよ。ここで昔話をさせてもらったりとか、過去を紐解いてもらったりとかして、あるいは自分が格闘技をやり始めた頃の初々しかった気持ちって年々薄れていくものじゃないですか？ そこを思い出したりはさせてもらっているので、そういう意味では3％くらいはあります。

――VTJ復活の3パーが『KAMINOGE』の影響って、もう感無量ですよ。過半数じゃないですか。

坂本 どんな計算になってんの（笑）。でも真面目な話をすると「なぜVTJをやるのか？」っていうところが凄く大事なんですよね。だいたいのことって「決めてからやることは考えればいいや」ってどこかで思っていて、最後に帳尻を合わせていけばいいと思ってるんですけど、VTJの場合は「なぜやるのか？」っていう理由が必要ですよね。

――なぜやるんでしょう？

坂本 まず、1999年くらいまでは「世界と闘う」というコンセプトでバーッと走っていたんですけど、実際は勢いだけで行った感じなんですよ。でも2009年のVTJでは、五味隆典が出たりと何かを起こさなきゃいけないという思いがあった。その後、VTJ1stの頃は日本の格闘技コンテンツのPRIDEとかDREAMが軒並み消えてから何年も経って、現在ケージではUFCが世界のトップ団体です。あそこで勝てるような選手を日本から出したい、できたら修斗から出せたらよりベターだと。そういった目的から始めたんですよね。それは実際にいろんな海外の選手を呼んだりとかして一定の役割を果たせていたと思う。

――そして2021年。

坂本　コロナの中で閉塞感だけがずっと続いている。もうボクたちもコロナ前のボクたちではない。だからこのコロナが終息したあとは格闘技の価値観って凄く変わるんじゃないかと思っていて、その価値観が変わる前に何かをやるべきだと思ったんですよ。価値観が変わったのちの世界で何かをやるのではなく、価値観が変わる前に何かアクションを起こしたい。これはボクの性分なんでしょうね。

――いいですね。こんな世の中だからこそVTJ。

坂本　何かやるべき時期だし、じゃあ、いま何ができるのかなっていうところですよね。世界中の団体が何をやらなくてはならないかを必死に考えてやっているわけじゃないですか。我々はそれじゃない何かをやらないきゃいけないって思うんですよね。これは使命っていうよりも、やりたいんですよ。

――「とにかくやりたいだけ」っていちばんいいモチベーションじゃないですか。

坂本　それと今年2021年に入ってからは、佐山先生と再会できたり、中村倫也が登場したりとか、なんか流れがいいんですよね。だから最後に何かやらなきゃダメだなって。絶対に答えを出さなきゃいけないというわけじゃないんだけど、ケジメというか。それで凄く大変なんだけど、外国人選手を呼びたいなって思っています。

――VTJと言えば。

坂本　そう。「世界vs日本」というコンセプトじゃないですか。まさに今日、宇野（薫）くんの試合を発表させていただきましたけど（原口央と対戦）、世界で闘ってきた男たちと、これから世界に出て行く男たちが闘うというコンセプトもある。そしてどうしても外国人選手と闘わせたい。それでボクは参議院議員の須藤元気先生のところに行って「なんとか外国人選手を呼べないでしょうか」と相談したら「わかりました」と言って外務省に行って調べてもらったりとか、すぐに動いてくれたんです。そうしたら「やっぱりいまはダメみたいです」「そうか」ってなって。

――すんなりとはいかなさそうですね。

坂本　そこでもちろんABEMAのプロデューサーの北野（雄司）さんにも相談したりとかしていて「でもまだ何か方法がありますよ」って言ってくれたから、何かあるんだろうなと思って（笑）。それでちらっとボクシング中継を観ていたら「あれ？　井岡一翔選手がメキシコのフランシスコ・ロドリゲスJr選手と試合やってるやん」と思って。

――たしかに！（笑）。

坂本　やってたでしょ。それで須藤元気先生にすぐメッセージを送って「メキシコ人が来てるんですけど」って。そうしたら「あっ、来てますね。これはいけるかもしれないですよ」となって、すぐにスポーツ庁の人と会う段取りを元気先生がつけてくれたんですよ。

――次はスポーツ庁に。

坂本　そこからですよ、ボクの苦闘の始まりというか（笑）。ホントにここ2週間くらいは死ぬくらい大変でしたよ。まず凄いのがスポーツ庁に行ったら「重要なことは公益性だ」と言われたんですね。「公益性ってなんですか？」って聞いたら、要するに世間一般の人たちが納得をすることだと。たとえばオリンピックは国家の行事なので公益性がある。

――外国人を呼べないなんてありえないですね（笑）。

坂本　それで担当の方が「公益性が必要なので、あなた方はナショナル協会と組むのはどうですか？」って言ったんですよ。

――ナショナル協会。

坂本　簡単に言えばオリンピック種目とかになっている競技の協会ですよね。そうしたら「あっ、レスリング協会があるじゃないか！」となって。

――なるほど。日本レスリング協会って格闘技界にとって常に頼もしい存在ですよね。

坂本　考えてみたら修斗には中村倫也も出てるし、江藤公洋も出ていると。「じゃあ、専修大学か」と思って。それで「すぐに馳（浩）先生に電話しましょう！」となって電話して馳先生に繋いでもらったんですよ。そうしたら「馳です！」と。

――あの甲高い声で（笑）。

坂本　「なるほど、わかりました。ちょっと待ってください。いま富山（英明）先生に連絡したからすぐに電話して！」って言ってくれたんです。

――えっ、富山さんってこないだレスリング協会の会長に就任したばかりじゃないですか。

坂本　だからここ2週間の話だって言ってるじゃないですか（笑）。それで富山先生に電話して「すみません、修斗の坂本と申します。ボクは外国人選手を呼びたいと思っています」って伝えたら「修斗っていうのは？」って聞かれたので「佐山サトル先生が創始した～」と説明をして。それで「ボクたちは僭越ながら、レスリング選手たちのセカンドキャリアとしての受け皿になれる団体だと思っています」って言ったら、「ああ、そうですか。わかりました」となって。それがちょうど10月1日ですよ。

――富山会長が新就任した当日！（笑）。

坂本　それで何がよかったかって、日本格闘競技連盟って憶えてます？　福田（富昭）前会長が作られた。

――ありましたね。日本国内のプロ・アマ各種格闘技が加盟するという団体ですよね。

坂本　そう。その組織にドン・キホーテの安田隆夫会長やキックボクシングや空手、総合だとパンクラスとかZSTも加盟していて。それでボクはその日本格闘競技連盟の常務理事という役をやらせてもらっていたんですよ。それで富山会長がボクのことを憶えてくれていて。そこから日本修斗協会の佐藤会長からレスリング協会の今泉先生や鎌賀事務局長を通じてアポイントがとれて、それで最終的に「お会いしましょう」と言っていただけたのでお会いして。そのときに「これを持っていきなさい」と。

──なんですか？

坂本　スポーツ庁宛てにレスリング協会のお墨つきの推薦状を書いてくださっていたんですよ。

──凄い。ひょっとしたら富山新会長の初仕事じゃないですか（笑）。

坂本　それはどうかわからないけど……いやいや、もっとたくさんやられていることがあるでしょう（笑）。

──そしてその推薦状をスポーツ庁に持って行き。そこからはもう話はトントンですか？

坂本　いや、ボクはしゃべるのは得意なんですけど、資料作成とかの事務的な作業がもう全然なんですよ。

──推薦状だけをポンと渡すだけじゃダメなんですね。

坂本　だから今回はマジでＡＢＥＭＡの北野さんがいなかったらボクはもうダメだった。より公益性を持った、きちんとした文章を北野さんはさらさらと書けるんですよ。

──そうなんですか。そんなふうには見えないですけどね（笑）。

坂本　いやいや、やっぱり凄いですよ、あいうポジションの人は。ホントに北野さんがいなかったら外国人選手を呼べていないと思う。ボクの必殺技である情熱で「これでなんとかお願いします！」って言って強引になんとかなるレベルの話じゃないし（笑）、スポーツ庁の人が「この文章だったら外務省や厚生労働省に出しても間違いないですよ」って言ってくれるような文章を北野さんが作ってくれたんですよ。

──それで確度を上げたわけですね。

坂本　そうそう。「なんだね、このペラペラの紙は？」って言われずに済んだっていう（笑）。

──それで外国人を呼ぶことができるようになったんですか？

坂本　いまのところ、ふたりは呼べるような形になっています。スポーツ庁に提出する書類はすべて揃え、公益性もきちんとあるレスリング協会からのお墨つきももらいましたと。あとは外務省と厚生労働省が判断するっていうところですね。だから可能性はまだ50％くらい。

──ここから何事もなく無事に呼べたとして、その外国人選手と闘う日本人選手は誰ですか？

坂本　誰だと思います？

──えっ？

坂本　まあ、もう答えを言っちゃいますけど、西川大和と平良達郎の相手として外国人選手を呼ぶつもりなんです。

──出た！　めっちゃいいじゃないですか！

坂本　そうでしょ？

──坂本さん、天才！　めっちゃいい！　格闘技の未来しか見えない！（笑）。

坂本　未来しか見えないでしょ。そうなんですよ。だからＶＴＪをやる理由ってそういうことなんですよ。

TARZAN by TARZAN

ターザン バイ ターザン

はたして定義王・ターザン山本！は、ターザン山本！を定義することができるのか？「ここまでやってきた自分の人生を振り返ったときに、自分は懺悔をするのか、悔い改めるのか、俺は間違っていないと正当化するのか。その自分との和解というのが人生で残された時間の中での最大のテーマなんですよ。この自己和解ができたら人間は凄くラクになるんだよね」

絵　五木田智央　聞き手　井上崇宏

第二十八章

和解とは何か？

「昭和のレジェンドレスラーたちがみ～んな和解しちゃうんだよね。それが俺は腹が立ってムカつくというか！」

――今月はおぼん・こぼん師匠が登場していますので、せっかくだから「和解」をテーマにお話を聞きたいんですけど。

山本 おぼん・こぼんさんには何があったの？

――50年以上やっているベテランのお笑いコンビなんですけど、些細なことで喧嘩をして、長年ずっと仲が悪かったんです。口もきかない、目も合わせないという状態で漫才をやるという離れ業をずっとやっていたんです（笑）。

山本 ということは、仕事上はプロとしてお互いの感情的なトラブルだったり憎悪というのは抜きにしてできていたわけだね。完璧にワークとして。そして舞台を降りた瞬間にまたお互いにそっぽを向くと。その関係が是正されたわけ？

――是正されました。ちゃんとネタ合わせをして、目を見てやらないと完璧な漫才はできないということで、最終的にそこで和解したというか。

山本 それはプロ中のプロじゃないの。それはもう称賛していいね。それがね、日常生活というか普通に暮らしているというか、庶民というか市民というか一般というか。

――一般人ですね。

山本 そういう人たちにとっては「和解」という概念はべつに必要がないわけですよ。

――えっ。なぜ。

山本 和解というのは特殊な階級にいる人たち、つまり芸能とかプロスポーツという人前に出る人たちの間でしか起こりえないんですよ。なぜなら彼らには〝闘い〟があるじゃないですか。和解というのはそういう人たち、もっと言うと男同士の間にしか起こらない現象だからね。

――えっ。女同士、もしくは男女間での和解はない？

山本 女同士はお互いに永遠にそっぽを向くから、和解するということはありえないわけですよ。それと男と女の和解というのもありえない。いったん別れたり、離婚したらもう終わり。だから和解というのは、男が持っている権力闘争の中で発生するものですよぉ。

――えっ。男社会に限ったものですか。

山本 男社会において、どちらが権力的に上にあるかっていうね。もうひとつは金銭闘争。どちらがカネを持っているとか持っていないとか。そして色欲闘争。まあ、エロでモテているかモテていないかというね。

――権力、カネ、モテ。
山本　男という存在は、その3つの要素を絡めながら、自分のライバルや敵対関係にある人間に対して憎しみ合いとか、いがみ合いとか、絶縁、絶交というものを繰り広げるわけ。
――たしかにそうかもですね。
山本　それで俺が言いたいのは、昭和のレジェンドレスラーたちのことですよ。彼らは当時、お互いにあれだけいがみ合って、憎しみ合って、ボロクソに言い合っていて、その関係性が俺たちにとっては美しかったわけですよ。プロとしてめでたいというか、商品価値があるというか。ところがですよ！　彼らは不思議なことに60歳前後に到達すると、過去のいがみ合いをほとんど忘れてみ～んな和解しちゃうんだよね。それが俺は腹が立ってムカつくというか、ショックというか。なんでそこで過去の自分に嘘をつくんだと言いたいわけよ！
――もうどうでもよくなったってことなんじゃないですか？
山本　どうでもよくなったってことは、権力に対しても、金銭に対しても、色欲に対しても淡白になっちゃったってことだよ。
――執着がなくなったわけですよね。
山本　執着がなくなったから、本気のガチンコでやり合った憎悪の関係というものがもう遠い過去のものになって、どうでもいいやと。めんどくさくなって和解するっていう姿を見てしまうと、「おまえたちはプロとして恥ずかしくないのか！」って言いたいんよ、俺は！
――でも山本さんと前田日明さんも、いまでは仲良しじゃないですか。
山本　あっ、前田日明はレスラーの中でも特別な存在なんですよ。懐が深いし、彼の原点には包容力と愛があるんよ。だから前田日明と俺はそういう共通項でつながってるわけ。でも長州さんや天龍さんとは永遠の断絶関係ですよ。俺は終生これを保っているわけじゃないですか。
――保ってるというか、許されていないというか（笑）。
山本　（聞かずに）覆面レスラーが正体を絶対に明かさない、素顔を見せないのは、プロとしてやっているからでしょ。悪役も昔だったらサインをしない、写真を撮らせない、笑顔を絶対に見せないとか。そういうものをプロはみんな守ってきていたわけじゃないですか。だからフィクションとして、過去のいがみ合いも絶対に維持してほしいんですよ。
――まっとうしてほしいと。
山本　高倉健や渥美清は絶対にプライベートを見せないということでフィクションを保ち続けた。あの精神をプロレスラーはなんでやらないんだよ!!　そこがだらしないというか、おもしろくないというか、くだらないというか、バカバカしいというか……。要するにプライドと自意識が足りないんだよな。チッ！（と舌打ちをする）。もう話にならんよ。

「日本人の価値観や美意識の中では『もう和解しろよ』というのがある。それと日本はそれを説得する調停役が凄いんですよ」

——めっちゃ怒ってますね。

山本　じつはこれが俺がいまいちばん怒っていることですよぉ！　長州や天龍のあのイラついた感じ、ギラギラした感じ。それが彼らの最大の魅力だったわけじゃないですか。ところが長州も天龍も『男はつらいよ』の笠智衆の午前様みたいに物分りがいい男になっちゃってさあ。長州に散々ボロクソに言われていた自分が懐かしいというか、あの経験が自分にとっては誇りになっていたんだけど、まあショックだねえ。あのね、俺からすれば昭和っていうのは「いがみ合い」だからね。

——昭和はいがみ合いの時代。

山本　それを本人たちは和解して心地よい気分になってるけど、和解した瞬間に長い過程の中で積み上げてきた自分の歴史を放棄するっていうことだから。だから和解にはまったくなんの創造性も生産性もないということですよ！

——女同士、男女間での和解がありえないというのは？

山本　女社会ではいったん関係がこじれてしまったらもうこじれたまま。和解という概念が存在しないわけですよ。それが女という生物学的な特徴なんですよ。

——個人差がありそうですけど、だから男と女も和解できないと？

山本　同じことなんですよ。いったん離婚したらそこで完全にシャッターを降ろしてしまうから、関係が復活しようがないわけですよ。

——でも別れたあとに友達みたいに仲良くやっている人たちもいますよね？

山本　あっ、それはある意味で文化的、経済的に地位の高い人たちだからできることなんですよ。そういう人たちにはプライドがあるから、「本能的にはなりません」というインテリジェンスの証明としてそういう関係を築きたがっているわけですよ。

——なるほど（笑）。

山本　それは上流社会の人の話よ。下流社会ではそんなことをする余裕はないわけですよ。「ふざけんな、バカヤロー！」ですよ。そこを見ないとダメですよぉ。

——じゃあ、別れても仲良くしてるのはインテリぶってるんですか（笑）。

山本　そうそう！　完全にインテリぶってるんですよ！（笑）。

どんないざこざが起きたとしても生活上はそんなにダメージはないですと。だから友達としてやっていきましょうっていうことが言えるわけですよ。でも日常生活の底辺で生きている人っていうのは生活することで日一杯だから、そんな別れた相手とね、引き続き仲良くするなんて余裕はないわけですよ。その階級社会の違いというのははっきりと捉えないとえらいことになりますよ！

――失礼しました。

山本　ただね、日本人の価値観や美意識の中では「もう和解しろよ」というのがたしかにある。「おまえ、わかるだろ?」というね。日本はそれを説得する調停役が凄いんですよ。

――日本は調停役が凄い（笑）。

山本　調停役の権力が凄いから、ヤクザにしても手打ちというものがあるわけですよ。手打ちというのは、上位概念にいる人が調停役として出てきたらもう和解せざるをえないという形になるんよ。自分の意志とは関係なく、最後は和解しないと日本人としての生き方を問われるという宿命があるんですよ。だから日本人は最終的に和解に向かうんですよ。和解をしないとこの日本では生きていけないという大前提があるからですよ。もう、かならず調停役が出てくるからね。

――まあ、和解というか示談というか。そこで調停役の顔を立てなきゃいけないですしね。

山本　その人の顔を立てなきゃいけないとなると、自分の意志はちょっと横に置いておかなきゃいけないという切なさもあるわけですよ。日本社会には。

――たしかにそうですね。でも最近はその調停役みたいな人も減りましたよね。

山本　いまはいないね。それは世界が多様化してバラバラになったから。多様化するということはどういうことかと言うと、野放し状態、無法地帯になるってことなんですよ。それと多様化すると、すべてが端っこに行くんです。端っこでバラバラに存在しているのが多様化の正体だよ。中心がないんだからね。

――大通りがないってことですね。

山本　メインストリートがないんだから、空洞化しているわけですよ。そこでこれまでの価値観なんて通用するはずがないじゃない。それで、その端っこのひとつひとつにスマホというものが存在しているんですよ。

「はっきり言うと、俺は基本的にプロレス界とは和解していないんですよ。和解するつもりもない」

――スマホ。

山本　端っこ同士はスマホでコミュニケーションするわけですよ。端っこだからスマホじゃないとコミュニケーションが取れないんですよ。よくできてますよ。だから多様化した現代社会には調停役なんて存在しないし、必要がないんよね。それでさ、和解については、ここまでのことは別にして、ある定義ができるんですよ。3つあるんです。まずは時代と和解できるかどうか。

――ひとつ目は「時代と和解」。

山本 まさにいま俺たちもコロナ禍の時代を生きているわけじゃないですか。もうひどい目に遭っているじゃない。封建制度が国や社会の基盤となっていた封建時代だって、人はもの凄い制約の中で生きていたわけじゃでしょ。戦争がある時代だったら戦争によってとんでもない目に遭うわけでしょ。そういう時代に対する憎しみや宿命を感じながら生きてきて、その自分が生きている時代と和解できるかどうかというのは、すべての人に問われているわけですよ。

――和解というか決着ですね。

山本 革命を起こそうとした親鸞や法然、日蓮はみんな時の権力から島流しにあったりして追放されているわけですよ。菅原道真も権力闘争に負けて大宰府に流された。そういったときにルサンチマン、恨みや怒りを社会や時代に対して持つわけじゃないですか。それを個人としてどうやって決着をつけるのか?

――かなりの難題ですけどね。

山本 まさに本当に個人として時代と和解できるのかどうかって言うと、それはできないんだよね。最後まで恨みを持ったまま死ぬんだよ。ただ、その恨みを持ち続けているから彼らは最後に何かを書くんです。親鸞だったら『教行信証』、宮本武蔵は霊巌洞にこもって『五輪書』を書いた。そうして時代に復讐するんですよ。まあ、これは特別に選ばれた人たちの世界の話であって、俺たちにとっての和解というのは「時代と和解」とあとふたつのほうなんですよ。まずは他者との和解なんよ。

――「他者との和解」。

山本 自分の生活環境の中で、職業的になんらかのジャンルに属し、存在していたら、そこで同僚であるとか先輩であるとかライバルとかがいて、さまざまなコミュニケーションがあるわけじゃないですか。その世界の中でいろんな出来事があって、アクシデントも起こるし、トラブルも起こると。そうしたときに他者とどうやって向き合っていけば和解することができるのか?　これって要するに相手もあってのことだから、お互いが自分ひとりだけでは決められないわけですよ。だから非常に難しいんです。俺だって誰かを嫌いとなると、向こうも俺のことが嫌いなわけよ。それでも自己と他者との関係性の中で何かを解決しなきゃいけないとなったとき、これはうまくやればできないこともないんだよね。さっきも言ったように数少なくなった調停役の第三者が入ることによってとかね。

――（さっき一般人には関係ないとか言ってたのに……）

山本 そして最後ね。もっと存在論的に言うとね、人生の最後は自分と和解できるかどうかなんですよ。

――「自分との和解」。

山本 自己和解。他者との和解は相対的なものじゃない。社会で生きてたら軋轢や衝突は当たり前のように起こることだから。そうじゃなくて自分の人生というものを考えたときに、最後は自分と和解できるかどうかということが最大のテーマになるんですよ。ここまでたどり着かないと本当の和解にはならないんよ。

――自分との和解こそが最終ステージ。

山本 「これまで人生でいろいろありました」と。あの人とこうなった、彼女とこうなった、ライバルとこうなったって、そんなのは人それぞれにあるわけじゃないですか。俺だったらゴングというライバルとどうだった、プロレス団体とどうだった、あそこから取材拒否を受けたとかね。その社会における他者とのトラブルの中における和解を俺はしていないわけですよ。

――和解をしていないんですか。

山本 はっきり言うと、俺は基本的にプロレス界とは和解していないんですよ。和解するつもりもない。「俺には俺の世界があるから」ってことで振り切っているわけですよ。過去に起こったことに対しては文句も言わないし、泣き言も言わないし、愚痴も言わない。でも俺のプライベートな人生からすると、2回離婚をして、事実婚も含めれば3回離婚しているわけですよ。そしていま75歳。壮大な大河ドラマの人生を生きています。ここまでやってきた自分の人生を振り返ったときに、自分は懺悔をするのか、悔い改めるのか、それとも俺は間違っていないと正当化するのか。その自分との和解というのが、人生で残された時間の中での最大のテーマなんですよ。この自己和解ができたら人間は凄くラクになるんだよね。俺はこれこそが和解の最終的なテーマだと思っているよ。

ターザン山本！（たーざん・やまもと）
1946年4月26日生まれ、山口県岩国市出身。ライター。元『週刊プロレス』編集長。
立命館大学を中退後、映写技師を経て新大阪新聞社に入社して『週刊ファイト』で記者を務める。その後、ベースボール・マガジン社に移籍。1987年に『週刊プロレス』の編集長に就任し、"活字プロレス""密航"などの流行語を生み、週プロを公称40万部という怪物メディアへと成長させた。

某テレビ局の地下駐車場での悪夢を彷彿とさせるシーンが……。

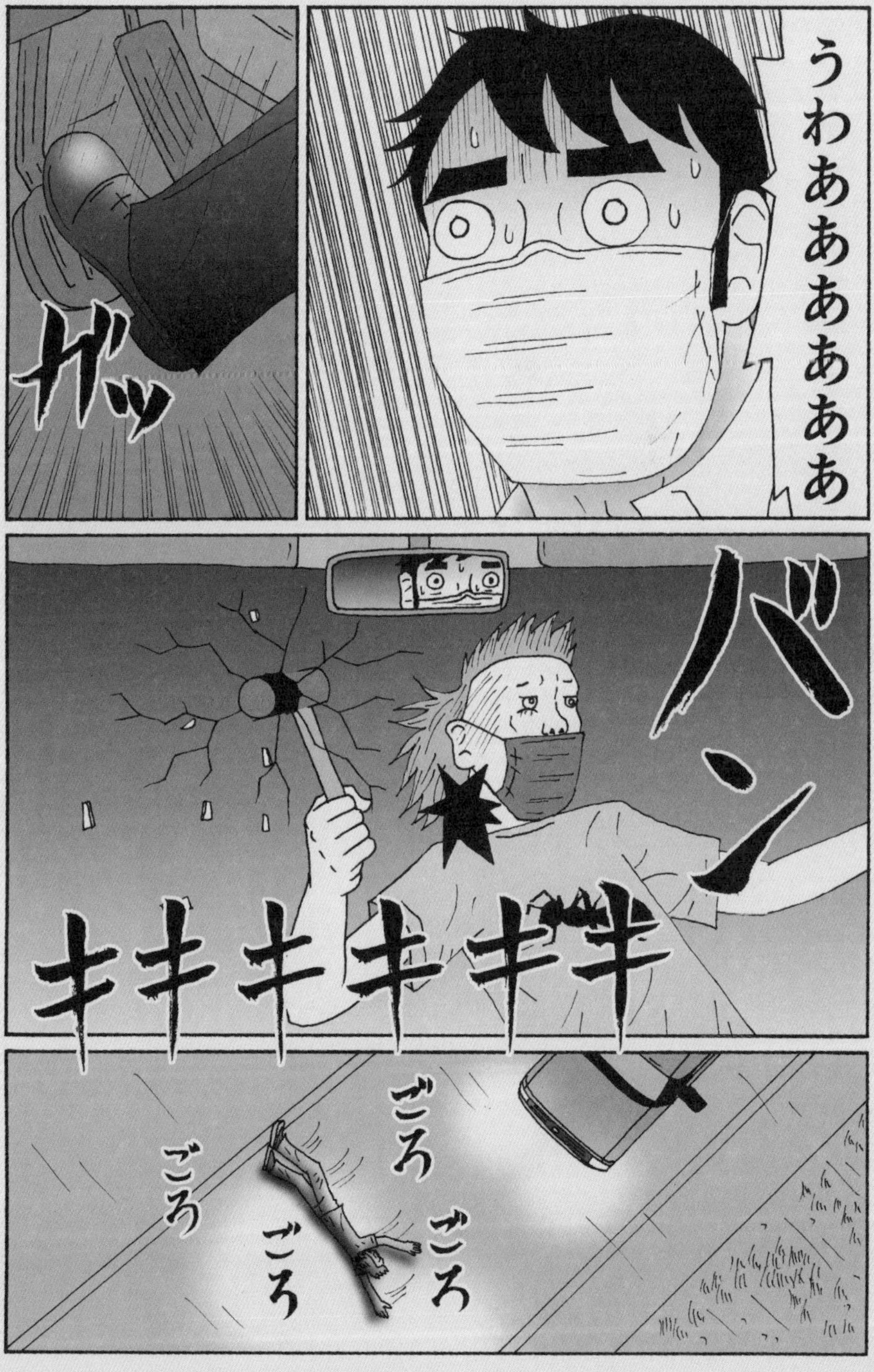
うわあああああ
ガッ
バン
キキキキキ
ごろ
ごろ
ごろ
ごろ

やべえ
事故った
ゴールド免許なのに
おい
大丈夫か
カク
カク
カク
カク
あれ？
この前のやつじゃねえか
なんだお前
カク
カク
カク
カク
トンカチ刺さってんじゃねえかよ
何考えてんだ

あう〜
ガク
あああ
あの学校
ガク
スクワット
ばっかで
何も教えて
くれねえ
次から次に
金ばっか
払わせ
やがってよ
そうだそうだお前
プロレスラー目指して
たんだよな
ひょい
さすが
だ
体が
丈夫！
お前の
せいだぞ
ガク
あんな学校
紹介しやがって
ガク
ガク
それだけ
元気なら
問題なし！

KENICHI ITO

涙枯れるまで泣くほうがEマイナー

VOL.11

アメリカ遠征2021

伊藤健一

（いとう・けんいち）
1975年11月9日生まれ、東京都港区出身。格闘家、さらに企業家としての顔を持つため"闘うIT社長"と呼ばれている。ターザン山本！信奉者であり、UWF研究家でもある。

10月9日にアメリカ・テキサス州ダラスで行われたIBJJF（国際ブラジリアン柔術連盟）が主催するグラップリングの世界大会『ノーギワールド2021』に参戦してきました。

例年、この世界大会はLAで行われるのだが、去年はコロナの影響で中止。今年はダラスで2年ぶりの開催となった。

毎年参戦している私は、2014年に茶帯部門であっさり優勝したので「黒帯部門でも余裕で優勝できるな」とそのときは思ったのだが、黒帯の壁は厚く、最高3位といまだ優勝を果たすことができていない。

かの〝鉄人〟ルー・テーズも、師匠ジョージ・トラゴスに「世の中には上には上がいる」といつも言われていたらしいが、その言葉通り、世界にはおじさんでも強いヤツはゴロゴロいて、毎年世界という壁に打ちのめされている。

一昨年は柔道金メダリストの石井慧選手も参戦していたが、1回戦で敗退していた。まったく世界の壁は厚いぜ……。

去年10月のQUINTETでの惨敗で尻に火がつき、生まれも育ちも港区で行動範囲も港区と恵比寿、中目黒までだった私が、武蔵小杉の所英男のジム「所プラス」、千歳烏山の八隅孝平のジム「ロータス世田谷」など、港区を飛び出して積極的に出稽古に行った。

あとは井上編集長が10キロ痩せたというおすすめのストレッチマシンで身体のメンテナンスにするべく定期的に某ジムに。

このストレッチマシンがかなり効果的で、私も通常体重が5キロほど落ち、コンディションは劇的にアップ。例年よりはいい状態で本番に臨むことができた。

コロナ禍となってから初めての海外だったので、空港での出入国に時間がかかりそうだなと思っていたが、そもそも海外に行く人が少ないからか、もろもろのチェックは拍子抜けするほどあっさりと終わる。

ダラスと言えば、〝鉄の爪〟フリッツ・フォン・エリックのエリック王国、〝東洋の神秘〟ザ・グレート・カブキ生誕の地、そして神・アントニオ猪木の海外ベストバウトである〝荒法師〟ジン・キニスキー戦が行われた場所くらいの知識しかなく、大都会なのだろうと思っていたが、会場周辺はかなりの田舎でホテル近くにはコンビニもないほどであった。

それと意外にも現地ではマスクをしている人も多く、お店でもソーシャルディスタンスを保つように指示されたりと十分な感染対策をしていた。

そして試合当日、会場であるカーティスカルウェルセンターに乗り込んだ。

私は45歳なのでマスター部門（40歳以上）でのエントリーなのだが、アメリカ人は同年齢の日本人よりも見た目が老けて見える人が多いし、まあ、日本でもそれを言われるのは日常茶飯事なのだが、受付の女性に「あなたは見た目が若すぎる」とびっくりされる。私の対戦相手も〝妖獣〟バロン・フォン・ラシクにそっくりの老け顔の人だった。

一見弱そうではあるが、何度も世界の壁にはね返されてる私は、人を見た目で判断はしない、油断もしない。

案の定、試合が始まると、このバロン・フォン・ラシクのタックルがむちゃくちゃ鋭く速い。何度かタックルで倒されるも、すぐ立ち上がったのでポイントは取られなかったが、アドバンという有効を取られる。

頭では理解していたものの、見た目とのギャップがありすぎの鋭いタックルに戸惑った。あとで調べてみたら、本物のバロン・フォン・ラシクもオールアメリカン選出で世界選手権銅メダルの凄いレスラーだった……。

私は強引に組みついて反り投げを狙ったが、潰されてしまい、それが相手のポイントになってしまった。だが私が下になる得意のディープハーフというガードでひっくり返すことに成功すると、ポイントは同点に。私はさらにアキレス腱固めを仕掛ける。

相手は痛そうな顔をしていたが、試合時間は残りわずか。そのまま耐えられてしまい試合は終了した。

ポイントは同点だったが、アドバン差で私の負け。アチャーだ……。

帰国前に世界一の大都会ニューヨークが私を呼んでいたような気がしたので、以前『KAMINOGE』で店主にインタビューをおこなった帽子屋『YOKKOYAMA HAT MARKET』に突撃したり、ヘンゾ・グレイシー道場に出稽古に行って、試合よりもキレキレの動きを見せたりと、NYで2日ほど縦横無尽の大活躍を見せた。

大都会入りしてすっかり蘇生した私は、「マジでシティボーイの俺は、やっぱり大都会でこそ活きるな。ダラスには悪いが」と、摩天楼の風を切って歩きながら思ったのであった。

マッスル坂井と真夜中のテレフォンで。

10/5

MUSCLE SAKAI DEEPNIGHT TELEPHONE

「いきなり新人レスラーが『ドロップキックをやりたいです！』とは言えないんです。ちゃんと受け身を覚えてからです。ドロップキックを打てるかどうかっていうのは、ちゃんとドロップキックを受けられるようになってからなんですよ」

「こないだロケで越後バナーナを試食させてもらったら、もうめーっちゃめちゃうまくて！」

——坂井さん、こんばんは！

坂井　こんばんはって、まだ15時36分ですよ。

——いやいや、『真夜中のテレフォンで』ですから。

坂井　そんな設定をずっと守ってたんだ。真面目だなー（笑）。最近は何してます？

——じつは、なんかすっげえ気力とか集中力がなくて、やっぱこれは精神疾患……。

坂井　やっぱり？

——と思ったんですよ。だからいろんな人にちょっと相談をしてみたんですけど。

坂井　俺、相談されてないですよ。

——そうしたら「それは更年期なんじゃないか？」と。

坂井　はー。男性の。

——それでググると更年期障害って症状が精神疾患と似てるんですよね。で、更年期で鬱状態になるっていう。

坂井　あっ、結局は鬱になるんですか。

——それって鬱病じゃねえかと思うんだけど（笑）。それで診察とかを受けたらいろいろと対策はあるんだろうけど、私はすぐにはロープに飛ばずに、とにかくググりまくるんですよ。それと友達からアドバイスをもらったりして。で、「更年期対策としてとりあえずバナナを食え」と。バナナとかナッツ、あとはオイルサーディンとか。

坂井　ほうほう。

——それでここ3、4日くらい毎日バナナを

構成：井上崇宏

食ってるんですけど。あと友達に言われたのは「いつもめちゃくちゃコーヒー飲んでるよね?」と。やれ打ち合わせだ、取材だので、とにかく私はアイスコーヒーを毎日2リットルくらい飲むので、とりあえずコーヒーを断ってみなさいと。

坂井 コーヒーも言われたんだ。

——友達にね。それでとりあえずコーヒーもやめてみて今日で5日目くらいかな。めっちゃ調子がよくて(笑)。

坂井 そういえばスタバとかでバナナも置いてあったりするのはそういうことなんでしょうね(笑)。

——バランスで(笑)。まあまあ、とにかく最近はバナナとかイワシをもりもり食って過ごしてますよ。

坂井 ちょうどおとといくらいですかね、新潟に柏崎っていうところがあって、テレビのロケで行ったんですよ。大きな金属部品を作ってるでっかい工場があって、そこに焼却施設みたいなのがあるんですけど、そこで出る膨大な熱を利用してビニールハウスでバナナ栽培をしている会社があるんですよ。

——ちょうどバナナ。

坂井 そのバナナっていうのが、もともと岡山でやってるバナナ農園があって、そこで2年間勉強して育て方を覚えたんですって。それで柏崎にはでっかいビニールハウスが4つくらいあって、年間を通してバナナを生産してるんですけど、1本1000円以上するって言うんですよ。

——ウソでしょ。そんなバナナはないでしょ。

坂井 「越後バナーナ」っていう名前なんですけど。

——(ググりながら) あっ、ある! シモダファームってとこ?

坂井 シモダファームです。その越後バナナがもともと生産量が少ないっていうのもあるんだけど、新潟でもなかなか手に入らないくらい人気で、ロケで試食させてもらったんですよ。もうめーっちゃめちゃうまくて! (笑)。皮ごとスライスしてくれて「皮ごといっちゃってください」って言われて食べたら、皮の存在感がデカいシャインマスカットぐらいでしかないんですよ! 多少の青臭さとエグみが、凄くうまいリンゴやシャインマスカットを皮ごと食ってるような感覚でね。俺らはバナナって当たり前のように皮をむいて食べてるけど、本当の皮と言われるのって表面だけなんだなっていうことに気づかされるというか。

——皮自体も何層にもなっているもんね。

坂井 そうそう。だからけっこうイケてる部分も捨ててたんだなって。ただ、普段食べているバナナは船で輸入するときに虫とかがつかないようにつけてる薬品みたいなのが、たぶん身体にはよろしくないので、皮はむいたほうがいいらしいんだけど、無農薬のハウス栽培の国産バナナはこんなに安全でうまいのかっていうことに私はビックリしちゃって。あっ、たしかに私もバナナを食べてから調子がいいです!(笑)。気分がアガっちゃって「うんまー!」ってなったもんな。ちょっと、そのルーツである岡山のほうもググってみてくださいよ。

——ちょっと待ってて。私も病気だからそれぐらい高いのを食わないと(笑)。

坂井 いやあ、おいそれとは手に入らないんじゃないかなー。

——っていうか送ってよ(笑)。

坂井 えっ? そんな高いものを?(笑)。

——あっ、出た。これか? 「岡山のもんげーバナナ」かな。

坂井　あっ、やばっ、それだ！
――「皮ごと食べられるもんげーバナナ」って書いてある。「もんげー」っていうのは岡山弁で「もの凄い」っていう意味ですよ。
坂井　さすが岡山県人。「ぼっけー」「きょーてー」みたいなもんですね。で、それは1本いくらなんですか？
――1本648円。
坂井　安っ！（笑）。
――もはや安いと言うか（笑）。なんで本家のほうが半値なんだろ。
坂井　いやいや、越後バナーナは先行投資した分というか、イニシャルコストがまだ含まれているから高いんであって。それと新潟のほうは無理して温度を5℃ほど上げなきゃいけないじゃないですか（笑）。そう考えると岡山は新潟よりも負担なく、自然に作っているわけですから。

「俺が考えたことがあるのは、エビの養殖と、ケーキとアイスのおいしいシャトレーゼのフランチャイズ」

――憶測で言い切るの好きだよね。よし、俺はもんげーバナナを食うぞ。岡山の実家に連絡しよう。
坂井　くそ～、岡山は半値じゃねえかよ～（笑）。栽培するノウハウも絶対に本家のほうが整っているでしょうしね。
――地に足がつきまくりですよ。
坂井　バナナの株も分かれ放題でしょうね。あっ、知ってました？　バナナって厳密に言うと木じゃないんですってね。
――えっ、木じゃない？
坂井　バナナは「バショウ科」の植物で、草なんですよ。
――ずいぶん高いところに実がなってるから騙されてたけど、木じゃなくて草だったのか。
坂井　だから株なんですよ。タケノコみたいに1本生えてきたら、その下の根っこの近くからどんどん出てくるみたいに、バナナの株もどんどん出てくるんですって。だから2回くらい収穫したら、それはもう切っちゃって、そしてまた新しい株が生えてくるんですよ。なので、けっこうサスティナブル（持続可能）なんですよね。それでバナナの葉って超デカいんだけど、もの凄く丈夫で、和紙とかそういう紙とかを作る材料にもなるんですって。
――学びの多いロケだったんだね。
坂井　それで変な話、「農薬がいらない」っていうことは言い換えれば「農薬を撒かなくてもいい」ってことじゃないですか？　意外にも虫もつきにくいらしいですし、それって比較的栽培が簡単ってことじゃないですか。だからでっかいビニールハウスがあって、そこに熱をやってね、まあ新潟は寒いからビニールハウスが冬場の雪で潰れないようにってところで細心の注意を払っていたりするし、湿度を保つためにたくさんの水が必要だったりするんだけど、その水も天然の井戸水だったりするからそれほどコストがかからないというか。凄くよくできてる循環性の高いビジネスなんですよね。
――焼却施設の有効活用とはいえ、雪国・新潟でバナナを栽培しようと思ったのがマジで天才だよね。
坂井　とにかくバナナの苗というものを絶対に流出させてはいけないということを条件に岡山の本家と契約しているらしいです。だけど苗さえ植えたら1本1000円、2000円のバナナがニョキニョキ生えてくるわけですよ。
――はあー。
坂井　ただ、同じ品種の苗が普通にネットで売ってるって言ってました。

――はい？

坂井　同じバナナの苗が普通に売ってるって言ってましたね（笑）。

――じゃあ、みんな作れるってこと？

坂井　作れるみたいですよ。観葉植物みたいに鉢で栽培しようと思えばできるって。俺の肌感だと大麻の栽培よりもコストは高いですよ？

――「俺の肌感」（笑）。あっ、岡山の会社はD&Tファームっていうところだよ。「バナナだけじゃなくコーヒー、パパイヤ、グァバ、パイナップル、ライチなどの熱帯果樹を数多く栽培」。

坂井　やっぱバナナとコーヒーはセットなんだね（笑）。

――「なんとその数、230種類以上」。

坂井　おーっ。めちゃくちゃ気になりますよね。こういうことは言っちゃいけないんでしょうけど、ひとつ1000円のイチゴを栽培しているところとか、奇跡のリンゴとか桃とかブドウを栽培している農家ってあるじゃないですか。バナナは比較的それよりも栽培がシンプルそうなんですよね。

――見た感じ？

坂井　俺、わかっちゃうんですよ。いわゆるちゃんとした製造業の人が2年ぐらい栽培の修行に行って、それなりの免許皆伝がいただけたら「これができちゃうんだな」みたいな。だけど当然、いろいろな信用を勝ち得ていかないと苗を追加購入させてもらえないんでしょうけどね。たぶんね。

――全部たぶんでしょ。まあ、いきなり新人レスラーが「ドロップキックをやりたいです！」とは言えないっていう。

坂井　言えないんですよ。ちゃんと受け身ができないと。ドロップキックを打てるかどうかっていうのは、ちゃんとドロップキックを受けられるようになってからなんですよ。

――それでこの岡山のもんげーバナナのほうは、2018年にすでに『がっちりマンデー』で特集されています。

坂井　あー、ぼっけー、もんげー！

――「奇跡のバナナでがっちり！」。

坂井　やっぱ「奇跡」ってつくんですね。

――だってバナナって99・9パーセントが輸入なんだって。国産は0・1パーだよ。ってことは奇跡のバナナじゃなくても国産モノは高めなんでしょうね。

坂井　そうですね。

――なんか、ちょっと私たちもバナナを育てない？

坂井　って、ぶっちゃけ俺も思った（笑）。本当にいいなって思いました。これまで俺が考えたことがあるのは、エビの養殖と、あとはケーキとアイスのおいしいシャトレーゼのフランチャイズね。

――ああ、シャトレーゼのフランチャイズもいい（笑）。

坂井　そうして常々いろんなことをやりたいなと思っていましたけど、やっぱバナナ栽培がいちばんキラキラして見えましたね。なにより本当においしかった。

――おいしいバナナを作ってたら、女のコにもモテるだろうなあ。

坂井　でしょうねえ。

――なんかスーパーで売ってる4本200円くらいのバナナでもおいしく食べてるんだけどね。奇跡のバナナを皮ごといってみたいなー。

坂井　そんな感じスかね。あっ、大麻のところはカットしといてくださいね。単なる軽口だから。

KAMINOGE №119

次号 KAMINOGE120 は
2021 年 12 月 6 日（月）発売予定!

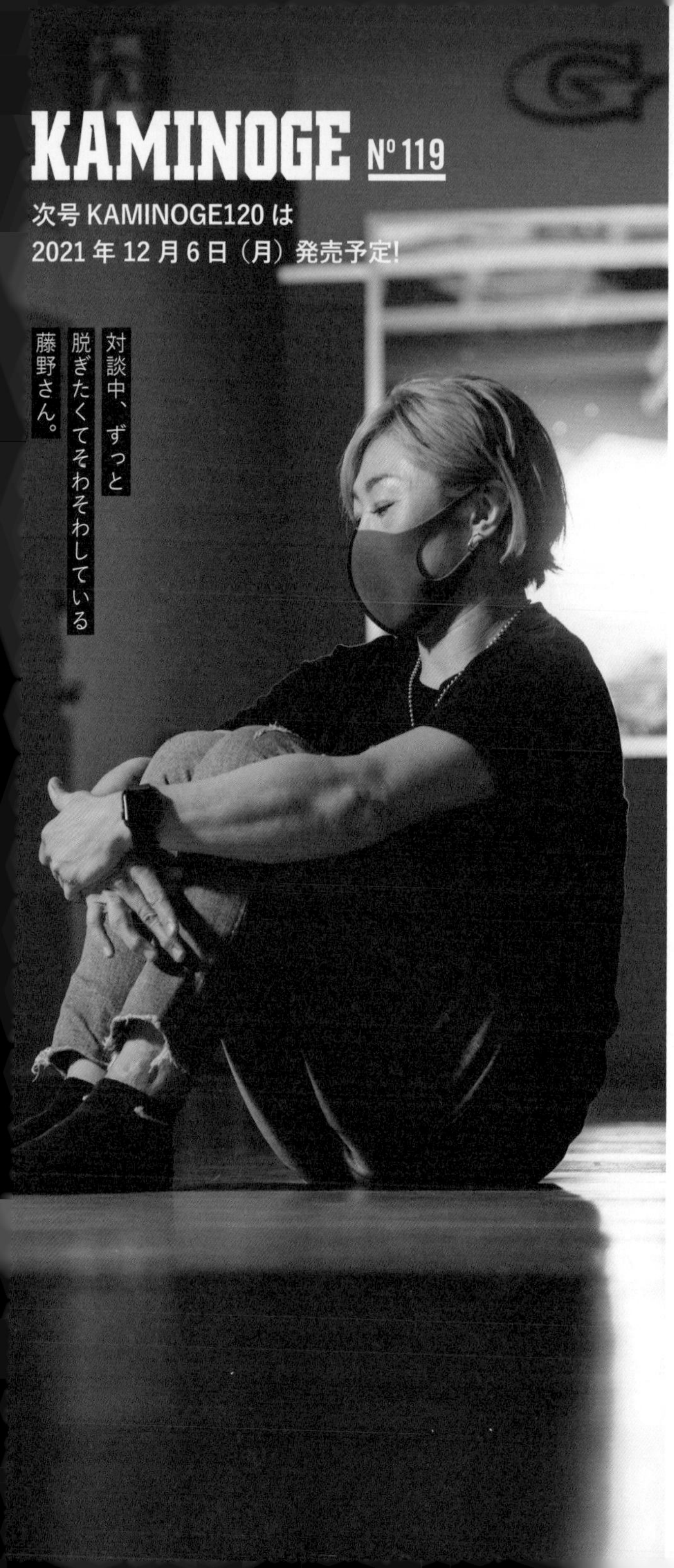

対談中、ずっと
脱ぎたくてそわそわしている
藤野さん。

2021 年 11 月 18 日
初版第 1 刷発行

発行人
後尾和男

制作
玄文社

編集
有限会社ペールワンズ
（『KAMINOGE』編集部）
〒154-0003
東京都世田谷区上馬 1-33-3
KAMIUMA PLACE 106

WRITE AND WRITE
井上崇宏
堀江ガンツ

編集協力
佐藤篤
村上陽子

デザイン
高梨仁史

表紙デザイン
井口弘史

カメラマン
タイコウクニヨシ
橋詰大地
池野慎太郎

編者
KAMINOGE 編集部

発行所
玄文社
［本社］
〒107-0052
東京都港区高輪 4-8-11-306
［事業所］
東京都新宿区水道町 2-15
新灯ビル
TEL:03-5206-4010
FAX:03-5206-4011

印刷・製本
新灯印刷株式会社

本文用紙：
OK アドニスラフ　W A/T 46.5kg